KB057926

사건별 형사사건 조사 · 수사 대응

경찰 · 검찰
조사 잘 받는 방법

편저 : 대한실무법률편찬연구회
(콘텐츠 제공)

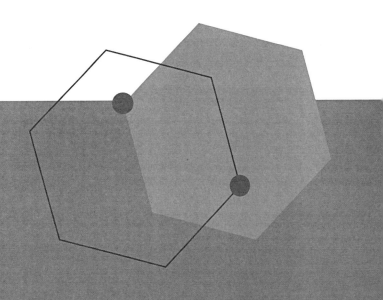

법문북스

머 리 말

누구나 처벌을 받거나 법정에 서게 된다는 가정을 하게 되면 사건의 경중을 떠나서 심리적 압박감이 매우 클 수밖에 없습니다.

일상을 살아가는 생활인에게 평생에 한번 있을까 말까한 일로 갑자기 수사기관에서 조사할 것이 있다며 출석해 달라는 연락을 받게 되면 충격은 말할 것도 없고 법을 모르는 입장에서 보면 어디부터 어떻게 해야 하고 또 어떻게 대응해야 하는지 제대로 아는 분들은 거의 없습니다.

형사사건은 법을 전공하고 법률전문가라 하더라도 수사기관으로부터 전화가 오면 아무것도 아닌 사건이더라도 당황하고 어떻게 대처해야 할지 모르고 생각이 나지 않고 대책을 세울 수 없습니다.

사건은 비교적 우연히 일어나는 사건에 휘말리게 되면 임의동행형식으로 지구대로 또는 파출소로 연행되어 진술서를 쓰라고 해서 썼기 때문에 사건이 일단락된 것으로 알고 다 잊어버리고 있었는데 다시 경찰서나 검찰청에서 조사할 것이 있으니 출석해 달라는 통지를 받게 됩니다.

경험도 없고 법을 모르는 사람이라면 일단 피의자 신분이 되어 조사를 받는다는 자체가 불쾌하기도 하겠지만 혹시 있을지도 모르고 또 잘못되지는 않을까 싶어 불안감을 갖게 됩니다.

누구든지 이런 경미한 일로 변호사를 선임할 수도 없고 여기저기서 알아보다가 조사 일에 아무 생각도 없이 출두를 하게 됩니다.

형사사건은 무조건 조사를 잘 받아야 합니다.
당황할수록 짐작하게 대처하고 조사를 잘 받아야만 아무런 일이 생기지 않습니다.

조사를 잘못 받으면 앞으로 계속 조사를 받을 수도 있고 법원으로 넘어가서 형사재판까지 받아야 하는 상황으로까지 진행될 수 있습니다.

그래서 이러한 일이 갑자기 생겨 어찌할 줄 몰라 지푸라기라도 잡아야겠다는 심정으로 어려움을 겪고 있는 분들이나 앞으로 있을 지도 모르는 분들이 항상 옆에 두고 있다가 가장 먼저 펼쳐보는 길잡이로서 전혀 손색이 없도록 하기 위해 출간하게 되었습니다. 감사합니다.

대한실무법률편찬연구회 24년 2월

차 례

제7장 경찰조사 후 검찰청으로 송치 대응 ················ 45

제8장 수사관련 서식 ···························· 53

제1장
고소 및 신고의 수리

제1장 /

고소 및 신고의 수리 -

(1) 고소장

- 고소장은 누군가에게 피해를 당한 경우 고소인이 고소의 내용을 적어서 수사기관에 제출하는 문서를 의미합니다.

- 고소장에는 고소인 인적사항, 피고소인 인적사항, 고소취지, 범죄사실, 고소이유를 기재하고 증거자료를 첨부합니다.

- 고소장에는 범죄사실을 신고하여 범인의 처벌을 원하는 뜻이 들어 있어야 합니다.

(2) 고발장

- 고발장은 고소권자와 범인 이외의 사람이 상대인의 피해사실을 수사기관에 제출하는 문서를 의미합니다.

- 고발장에는 고발인 인적사항, 피고발인 인적사항, 고발의 취지, 고발의 내용을 기재하고 증거자료를 첨부합니다.

- 고발장에는 고발내용과 고발의 취지에 대해 자세한 설명을 덧붙여야 하며, 첨부서류와 함께 제출하고 고발내용을 뒷받침해야 합니다.

(3) 진정서

- 진정서는 국민이 국가에 대하여 불만 또는 희망사항을 개진하고 시정

을 요구하는 행위를 요구하는 문서를 의미합니다.

- 진정서에는 진정인 인적사항, 피진정인 및 질의인의 인적사항, 진정서 제목, 진정취지, 진정이유를 기재하고 증거자료를 첨부합니다.

- 진정서에는 피진정인에 대한 처벌의 희망하는 뜻을 기재하지 않을 수도 있는데 기재하지 않은 경우 항고권이 제한됩니다.

(4) 수리

- 고소 또는 고발은 서면 또는 구술로써 검사 또는 사법경찰관에게 하여야 합니다.

- 검사 또는 사법경찰관이 구술에 의한 고소 또는 고발을 받은 때에는 조서를 작성하여야 합니다.

- 사법경찰관이 고소 또는 고발을 받은 때에는 신속히 조사하여 관계서류와 증거물을 검사에게 송부하여야 합니다.

- 형사소송법 제196조 제1항에 의하면 수사관, 경무관, 총경, 경정, 경감, 경위는 사법경찰관으로서 모든 수사에 관하여 검사의 지휘를 받도록 규정되어 있습니다.

- 여기서 수사관이란 검찰청 소속의 수사관을 말하는 것이며, 경사, 경장, 순경은 사법경찰관리로서 수사의 보조를 하여야 합니다.

- 그러므로 일선 경찰서의 조사계장은 경감이고 반장은 경위로써 사법경찰관리는 경사나 경장 또는 순경인데 사법경찰관리는 형사소송법 제196조 제3항에 의하여 검사의 지휘가 있는 때에는 이에 따라야 합니다.

- 경찰서에 고소장 또는 고발장이나 진정서가 제기되면 사법경찰관 경위 이상 급이 수리할 수 있으며, 사법경찰관리가 고소 또는 고발이나 진정서를 수리한 때에는 즉시 사법경찰관에게 상달하여 수리하여야 하며, 사법경찰관리 경사계급 이하가 수사를 보조하는 것으로 경찰조사가 이루어집니다.

제2장
고소 및 신고의 수사 분류

제2장 /

고소 및 신고의 수사 분류 -

(1) 경찰서에 제출된 사건

- 경찰은 고소장 · 고발장 · 진정서에 대하여 경찰서에 제출되었다 하더라도 수사를 종결 할 권한이 없기 때문에 관할 지방검찰청이나 지청으로 상달하여 수사지휘를 받아야 합니다.

(2) 검찰청에서의 사건 분류

- 고소장 · 고발장 · 진정서가 검찰청으로 직접 제출된 사건이거나 경찰서로 제출되어 검찰청으로 상달된 사건은 관할 검찰청의 공판부장검사가 고소장 · 고발장 · 진정서 등을 검토하여 간이조사절차 내지 통상수사절차에 의할 것인지를 결정하게 됩니다.

(3) 통상수사절차

- 고소장 · 고발장 · 진정서가 통상수사절차에 회부되면 즉시 각 검사실로 해당 사건을 배당하여 검찰조사가 이루어집니다.

(4) 간이조사절차

- 고소장 · 고발장 · 진정사건이 간이조사절차에 회부되면 고소장 · 고발장 · 진정사건은 접수한 날로부터 1개월 이내에 불기소처분을 할 것인지 아니면 다시 통상수사절차로 재배당 여부를 결정하여 검찰조사를 하게 됩니다.

- 이렇게 고소장 · 고발장 · 진정사건 배당받은 해당 검사는 검찰청 내의 수사관에게 수사지휘를 하여 수사를 하게 하거나 대부분 관할 경찰서로 다시 내려 보내 경찰서의 사법경찰관리가 조사하여 검사에게 수사지휘를 받아 고소 · 고발 · 진정사건이 수사하여 처리됩니다.

(5) 경찰의 자체수사

- 사법경찰관은 독자적인 수사개시권이 인정되지만 수사를 개시한 후에는 모든 수사에 관하여 검사의 지휘를 받도록 규정되어 있습니다.

- 형사소송법에 따라 검사는 범죄의 혐의 있다고 사료하는 때에는 범인, 범죄사실과 증거를 수사하여야 합니다.

- 수사관 · 경무관 · 총경 · 경정 · 경감 · 경위 등(이하 '사법경찰관'이라고 합니다)의 사법경찰관은 범죄의 혐의가 있다고 인식하는 때에는 범인, 범죄사실과 증거에 관하여 수사를 개시 · 진행하여야 합니다.

- 모든 수사에 관하여 검사의 지휘를 받고 이를 따라야 합니다.

- 사법경찰관은 범죄를 수사한 때에는 관계 서류와 증거물을 지체 없이 검사에게 송부하여야 하고, 경사 · 경장 · 순경은 사법경찰리로서 수사를 보조하여야 하도록 되어 있습니다.

제3장
수사의 진행

제3장 /

수사의 진행 -

경찰은 범죄가 발생하였거나 발생한 것으로 생각되는 경우에 범죄의 혐의 유무를 밝혀 공소(기소)의 제기와 유지 여부를 결정하기 위하여 범인과 증거를 찾고 수집하는 수사를 하여야 합니다.

형사소송법에서의 수사기관은 검사와 사법경찰관리가 있는데, 우리나라에서는 검사가 수사의 주재자이며, 공익의 대표자로서 범죄수사, 공소(기소)의 제기 및 수행하는 재판의 집행을 지휘·감독하는 권한을 갖게 됩니다.

사법경찰관은 독자적인 수사개시권이 인정되지만 수사를 개시한 후에는 모든 수사에 관하여 검사의 지휘를 받도록 규정되어 있습니다.

그래서 형사소송법에 따라 검사는 범죄의 혐의 있다고 사료하는 때에는 범인, 범죄사실과 증거를 수사하여야 합니다.

사법경찰관은 범죄의 혐의가 있다고 인식하는 때에는 범인, 범죄사실과 증거에 관하여 수사를 개시·진행하고 모든 수사에 관하여 검사의 지휘를 받고 이를 따라야 합니다.

경찰은 범죄를 수사한 때에는 관계 서류와 증거물을 지체 없이 검사에게 송부하여야 하고, 경사·경장·순경은 사법경찰관리로서 수사를 보조하도록 규정하고 있습니다.

(1) 수사의 단서

- 수사 개시의 원인을 수사의 단서라고 하며, 수사기관 자신의 체험에

의한 경우와 타인의 체험의 청취에 의한 경우가 있습니다.

- 수사기관 자신의 체험에 의한 경우로는 형사소송법에 규정된 현행범인의 체포, 변사자의 검시, 불심검문 및 다른 사건 수사 중의 범죄발견, 출판물의 기사와 풍설 및 세평 등이 있습니다.

- 타인의 체험의 청취에 의한 경우로는 형사소송법에 규정한 고소·고발진정 등의 범죄 신고가 있습니다.

(2) 수사의 종류

- 수사는 임의수사와 강제수사가 있습니다.

- 임의수사는 수사기관이 피의자 또는 참고인 등의 임의적인 출석·동행을 요구하여 진술을 듣는 수사입니다. 우리나라는 형사소송법에 따라 임의수사를 원칙으로 하며, 체포·구금·압수·수색 등의 강제처분은 법률에 특별한 규정이 있는 경우가 아니면 할 수 없습니다.

  말하자면 임의출석에 의한 피의자신문, 피의자 이외의 증인 및 참고인 등의 조사, 감정·통역·번역의 위촉, 공무소 및 기타 공사단체 등에 대한 사실조회 등이 이에 속합니다.

- 강제수사는 임의수사와 상반된 개념으로서, 소송절차의 진행이나 형벌의 집행을 확보하기 위하여 개인의 기본권을 제한하는 강제적 처분에 의한 수사를 말하는데 형사소송법에 의하면 강제수사에 대하여 법률에 특별한 규정이 있을 때에만 할 수 있고, 필요한 최소한도의 범위 안에서만 하도록 제한하고 있기도 합니다.

  강제수사는 대인적 강제처분과 대물적 강제처분으로 나눌 수 있으며, 대인적 강제처분에는 현행범인의 체포, 긴급체포, 구속 등이 있습니다.

대물 적 강제처분은 증거물이나 몰수물의 수집과 보전을 목적으로 하는 것으로, 압수와 수색, 검증, 감정 등이 여기에 해당합니다.

강제수사는 또 영장에 의한 강제수사와 영장에 의하지 않는 강제수사로 나눌 수 있습니다.

체포·구금·압수·수색에는 원칙적으로 법관의 영장을 요하나, 예외적으로 현행범인의 체포와 장기 3년 이상의 형에 해당하는 죄를 범하고 도피 또는 증거인멸의 염려가 있을 때에는 먼저 강제처분을 한 뒤 사후영장을 청구할 수 있도록 하고 있습니다.

긴급체포한 피의자를 구속하고자 할 때에는 체포한 때부터 48시간 이내에 구속영장을 청구하여야 하며, 구속영장을 청구하지 않거나 발부받지 못한 때에는 즉시 석방하도록 규정하고 있습니다.

- 피의자에 대한 수사는 불구속 상태에서 하는 것을 원칙으로 하며, 검사·사법경찰관리와 그밖에 직무상 수사에 관계있는 자는 피의자 또는 다른 사람의 인권을 존중하고 수사과정에서 취득한 비밀을 엄수하며, 수사에 방해되는 일이 없도록 규정하고 있습니다.

수사공무원의 인권침해 행위에 대해서는 형법에서 불법체포 및 불법감금죄, 폭행 및 가혹행위 죄, 피의사실공표 죄 등의 규정을 두어 처벌하기도 합니다.

제4장
경찰에서 출석을 요구할 경우

제4장 /

경찰에서 출석을 요구할 경우 -

(1) 출석 요구

- 경찰에서 수사에 착수하면 경찰서의 담당 수사관은 일단 피의자에게 휴대전화 또는 카 톡 문자메시지나 소환장(출석요구서)을 보내는데 통상 7일 정도를 시한으로 하여 3회 정도를 보내는 것이 관례입니다.

- 하지만 위 기간은 수사를 담당하는 경찰의 재량이기 때문에 '3회 보낼 때까지는 무조건 버텨도 된다.' 라는 것은 아님을 주의 하셔야 합니다.

- 수사관의 판단으로 출석에 불응할 것이 명백할 것으로 예상되는 경우에는 1회만 보내고도 바로 체포영장을 청구할 수 있는 사유가 되기 때문입니다.

- 다만, 체포영장이 발부되면 임의 출석하기도 어려워질 것이고 이에 따라 구속영장이 발부될 가능성도 높아집니다.

(2) 적절한 대응

- 경찰에서 출석통지를 받는 경우 가장 먼저 해야 할 일은 고소인이 누구인지 알아야 합니다.

- 어떤 이유로 고소가 되었는지 알아보고 파악해야 합니다.

- 고소인과 고소사유도 알아보고 수사기관에 출석하기 전 고소사유를

반박하고 자신을 보호할 준비가 부족하다면 시간을 벌어야 합니다.

- 만약, 출석요구서가 아니라 전화로 출석요구가 올 경우 담당 수사관에게 전화를 하여 무슨 혐의인지 반드시 알려달라고 하면서 정식으로 출석 요구서를 보내달라고 요구하는 등 준비기간을 좀 더 벌어야 합니다.

- 출석할 시기는 시간이 여의치 않을 경우 얼마든지 조율할 수 있고, 이후 진술 요령 등에 대해 철저히 준비한 뒤 출석하여 조사를 받을 수 있도록 해야 합니다.

- 중요한 것은 출석요구에 성실하게 응할 경우 검사가 구속영장을 청구하는 것은 그렇게 쉽지 않습니다.

- 검사가 영장을 청구하였더라도 법원의 영장실질심사에서도 기각되는 경우가 상당히 많다는 점 등을 고려할 때 법률적인 측면에서 보면 출석하는 것이 매우 유리합니다.

(3) 주의사항

- 그러나 수사기관에 출석할 때는 반드시 이미 체포영장이 발부되어 있을 수도 있으므로 꼭 확인할 필요가 있습니다.

- 무방비 상태에서 수사를 받아야 하거나 진술 준비부족 등으로 제대로 된 진술을 할 시간적 여유가 없는 경우 갑자기 몸이 불편해서 치료를 받고 있다고 하고 적당히 둘러대고 최대한 조사기관 출석을 뒤로 미루는 것이 좋습니다.

- 준비도 없이 본인은 떳떳하다는 생각으로 조사를 받다가는 자칫 잘못하

면 조사과정에서 피의자로 전환되어 구속수사를 받는 경우도 있습니다.

- 고소를 당하게 된 이상 잘못한 게 있든 없든 두렵고 떨리는 게 정상
  입니다. 억울하고 분통이 터지기도 하겠지만 그래도 고소가 취하되
  지 않는 한 무조건 조사를 잘 받아야 합니다.

- 잘못한 게 없거나 억울하게 누명을 쓴 것이더라도 허위로 고소를 당
  했다고 해도 일단 조사를 받은 후 고소한 그 사람을 역으로 무고죄
  고소를 하면 됩니다.

제5장
강제연행(현행범체포)될 경우의 대처

제5장 /

강제연행(현행범체포)될 경우의 대처 -

(1) 현행범체포

  - 범죄가 실행중이거나 실행 직후인 자를 현행범이라 하고, 현행범은
    영장 없이도 체포할 수 있습니다.(형사소송법 제212조 참조)

  - 경찰의 강제연행이 법적으로 현행범체포에 해당합니다.

(2) 미란다원칙

  - 미란다원칙 고지 없는 체포는 위법입니다.

  - 현행범체포 시 경찰은 반드시 체포 대상자에게 (1) 피의사실의 요지,
    (2) 체포의 이유와 변호인을 선임할 수 있음을 말하고, (3) 변명할
    기회를 주어야 합니다.

  - 이를 미란다원칙이라 합니다.

  - 이것은 꼭 체포 당시 고지해야 합니다.

  - 간혹 경찰차량에 올라탄 후에나 경찰서로 연행되어 고지하는 것은
    위법한 것(판례 : 붙들거나 제압하는 과정에서 하거나, 그것이 여의
    치 않은 경우라도 일단 붙들거나 제압한 후에 지체 없이 행하여야
    한다)이므로, 이를 경우 강력히 항의하고 조사 시에 반드시 조서에
    이에 대한 기재를 요구해야 합니다.

- 그래야만 검사가 이러한 경찰관의 위법사실을 읽고 특단의 조치를 취할 수 있습니다.

- 미란다 원칙을 체포 당시가 아니라 경찰서에 온 이후 고지하고선 체포확인통지서에는 체포 당시에 고지한 것처럼 기재될 수도 있으니 이를 확인하고 만약 허위로 기재되어 있는 경우에는 반드시 항의를 해야 합니다.

- 위와 같은 절차를 거치지 아니한 구속과 체포는 부적법한 것으로서 불법구금이 되므로 영장실질심사와 구속적부심사에서 항의할 수 있습니다.

- 한편으로는 당해 경찰관이나 국가를 상대로 손해배상도 청구할 수 있습니다.

(3) 체포사실 고지

- 체포 후에도 경찰은 부모나 배우자 등 가족에게 죄명·체포일시와 장소·범죄사실의 요지·체포 이유 및 변호인을 선임할 수 있다는 것을 알려야 합니다.

- 또한 면회 및 의사의 진료를 받을 권리를 보장해주어야 합니다.

- 이러한 권리는 모두 형사소송법에 규정된 권리이므로 당당하게 주장해야 합니다.

(4) 체포시간의 확인

- 체포 당시 체포시간을 반드시 확인해두어야 합니다.

- 체포가 된 경우 체포된 시점으로부터 48시간 이내에 구속영장을 청구하지 않는 한 무조건 석방하여야 합니다.

- 만약 구속영장 청구도 하지 않고 48시간을 넘어갈 경우 강력히 항의하고 풀어줄 것을 요구합시다.(참고 : 임의동행 시는 6시간)

- 한편 경찰 내부 규정상 경찰은 체포시점으로부터 36시간 이내에 1차 조사를 마치고 검찰에 신병지휘 관련 보고를 해야 합니다.

- 따라서 체포가 된 경우 경찰은 시간과의 싸움을 벌이게 되기 때문에, 간혹 체포확인통지서에 기재하는 체포시각을 실제 체포한 때보다 뒤로 늦추어 기록을 작성하는 경우가 많이 있습니다.

- 그러므로 체포되는 실제 시각을 꼭 기억해야 하고, 체포확인 통지서상의 시간을 반드시 확인한 후 지장을 찍어 주도록 합니다.

(5) 현행범체포 제한

- 경미한 사건은 현행범체포가 제한됩니다.

- 현행범체포는 다액 50만 원이하의 벌금·구류 또는 과료에 해당하는 경미사건의 경우는 범인의 주거가 분명하지 않은 경우에 한해서만 인정됩니다.

- 따라서 주거가 분명한 이상 도로 점거로 인한 도로교통법위반죄(20만 원 이하 벌금)나 집시법상 불법집회 참가(50만 원 이하 벌금)만을 사유로는 현행범체포가 제한됩니다. 따라서 현행범체포 시 경찰에게 체포 혐의 범죄내용이 무엇인지 사유를 밝힐 것을 요구해야 합니다.

- 자진해산명령에 불응하였다는 것을 이유로 경찰이 현행범체포를 할 수는 있으나, 이 경우 경찰서장이 명시적으로 자진해산명령을 내렸어야 하고, 대상자에게 반드시 해산에 불응하는지 여부를 개별적으로 확인하여야 하며, 변명의 기회를 주었어야 합니다.

- 따라서 경찰이 일방적으로 참가자를 포위하고 포위상태에서 포위를 풀어주지도 않고 개별적 진술이나 변명 기회를 주지도 않고 연행하려고 할 경우는 항의할 수 있습니다.

(6) 현행범체포 가능

- 범인임이 명확한 자만 현행범체포가 가능합니다.

- 단순히 집회를 구경하거나, 사진을 찍거나, 전경과 집회참가자 간 몸싸움 과정에서 타의로 대열에 들어온 경우에 현행범체포를 하려고 할 경우 이에 대하여 강력히 항의하고, 조사 시에도 이를 주장하여 조서에 남겨야 합니다. 범인임이 명확하지 않은 사람을 현행범체포 하는 것은 위법합니다.

(7) 현행범체포 불가능

- 형법상 형사미성년자인 14세 미만은 처벌할 수 없으므로 현행범체포 도 할 수 없고, 또한, 심신무능력자도 현행범체포 할 수 없습니다.

- 따라서 이에 해당하는 사람을 강제연행하려고 할 경우는 강력히 이를 항의해야 합니다.

(8) 부상 등 치료 요구

- 체포 과정에서 상처를 입은 경우 경찰에게 치료받게 해 줄 것을 요구할 수 있습니다.

- 체포과정에서 경찰에게 치료를 받게 해 줄 것을 요구하고, 상처가 심하고 경찰관의 불법폭행이 명백한 경우에는 증거보전신청을 할 것이니 변호사 접견을 하게 해달라고 강력하게 요구합니다.

- 한편 면회 온 동료나 변호사에게 부상사실을 꼭 알립니다.

(9) 입감 조치 대응

- 통상 체포 후 48시간까지는 경찰서 유치장에 입감이 되는데, 이때에는 지갑·수첩·가방·휴대폰 등 소지품을 영치하게 됩니다.

- 한편 체포 현장, 범행 현장이나 긴급체포 직후 48시간 이내에는 압수수색 영장 없이도 소지품을 압수당할 수 있습니다.

- 따라서 유치장에 입감되기 전에 면회 온 동료·가족·변호사에게 적절히 도움을 취할 필요가 있습니다.

- 그리고 임의제출물은 언제든지 영장 없이 압수할 수 있으므로 경찰관이 영장 없이 임의제출을 요구할 경우에는 신중히 대응하여야 합니다.

제6장

경찰 조사 시 대처할 요령

제6장 /

경찰 조사 시 대처할 요령 -

(1) 경찰 조사

- 누구나 처벌을 받을 수 있다거나 법정에 서게 된다는 가정을 하게 되면 사건의 경중을 떠나 심리적 압박감이 클 수밖에 없습니다.

- 고소장이나 고발장 또는 진정서가 경찰서에 접수되면 경찰서에서는 사안에 따라 강력사건인 경우 형사과 강력계에 배당하고 경제범죄나 일반 사건인 경우 수사과 조사계로 각각 배당하고 담당 수사관은 먼저 고소인을 상대로 왜 고소를 하게 되었는지 조사하고 피해사실이 무엇인지 수사하여 사건내용을 파악합니다.

- 그 다음으로 피고소인을 소환하여 고소인의 주장과 근거를 바탕으로 피고소인에게 상황별, 사안별로 집요하게 조사를 하며, 고소인의 주장이 맞는지를 확인하기 시작합니다.

- 이러한 경찰서 조사관이 고소인이나 피고소인을 상대로 조사하는 것을 실무에서는 '경찰조사' 라고 합니다.

- 당연히 고소인이나 피고소인은 자신에게 유리한 대로 진술할 것이지만 조사관은 고소인이나 피고소인이 제출한 증거자료나 제시한 물증을 제시하며 이러한 사실이 있지 않았었냐고 점점 사실관계에 대해 강한 압박을 해 옵니다.

- 이때부터 누구든 패닉상태에 빠지게 됩니다.

- 피고소인으로서는 당시 상황에 대해서 잘 기억이 안 날 수도 있고 또 뭔가 크게 잘못되고 있는 것 같기도 하고 횡설수설 앞뒤 답변 내용의 일관성이 흐트러지기 마련입니다.

- 이때를 기다렸다는 듯이 조사관은 피고소인에게 추궁은 더욱 날카로워지고 아예 죄를 모두 인정하라는 것으로 나오고 부랴부랴 조사를 마무리하고 마는 경우도 정말 많습니다.

- 조사관은 제3자의 객관적 지위에 있고 피고소인이라고 하더라도 무죄추정의 원칙에 따라 죄가 인정된 것도 아니지만 기본적으로 고소인의 주장에 어느 정도 타당성이나 신빙성이 있을 경우에 고소인의 입장에서 조사를 하고 있습니다.

- 이렇게 조사를 받다보면 사건의 내용 자체는 별 것도 아닌데 피고소인이 마치 엄청난 범죄자가 된 기분이 들겠지만 피고소인이 제출하는 증거자료를 조사관이 제대로 살펴보지 않고 무시해 버리는 경향이 많습니다.

- 형사사건은 초동수사가 유무죄를 좌우합니다.

- 고소인이든 고발인이든 진정인이든 피해진술을 그만큼 잘 받아야 하고 범행을 증명하여야겠지만 피고소인이든 피의자는 피의자신문조서를 잘 받아야합니다.

(2) 송치의견서

- 조사관은 고소장이나 고발장 또는 진정사건의 조사를 마치면 지금까지 자신이 조사를 통하여 느낀 과정을 의견서에 담아 사건기록과 함께 검찰청으로 보내는 데 이를 '송치의견서' 라고 합니다.

- 형사소송법에 의하면 모든 형사사건의 수사에 있어 최종결정권자는 검사가 하도록 되어있습니다.

- 대부분 고소나 고발 또는 진정사건이 접수와 상관없이 거의 경찰서에서 조사를 하고 수사의 결론을 위해서 수사기록은 모두 검사에게 보내야 하는 데 이러한 절차를 송치한다고 하는 것입니다.

- 그래서 경찰서 조사관이 조사한 결과에 대하여 의견서를 작성해 송치서에 첨부하는 데 송치의견서에는 수사가 어떻게 이루어졌는지 경찰관의 생각이 고스란히 기재되어 있습니다.

- 검사가 고소나 고발사건을 최종적으로 결정할 때는 먼저 경찰관이 작성한 송치의견서부터 읽어보고 그 다음 반드시 고소장이나 고발장 그리고 진정서를 모두 읽어 두 가지를 비교 검토한 후 유·무죄를 결정합니다.

- 그러므로 고소장이나 고발장 그리고 진정서를 읽어보면 범죄 혐의 인정될 가능성이 농후함에도 사법경찰관리가 무혐의 처분으로 송치된 사건에 대하여는 검사가 기록 전체를 다시 읽어 검찰에서 수사할 것인가 여부를 결정합니다.

(3) 진술 거부권

- 자기에게 불리한 내용은 진술을 거부할 권리가 있습니다.

- 하지만 무조건적인 묵비권 행사는 자칫 구속영장 청구사유(증거인멸·도주우려)가 될 수도 있으니 주의하여야 합니다.

- 따라서 피의자신문조서에 무조건 '묵비하겠습니다.'라고만 남기지

말고 '불법체포를 당한 것이니 진술을 거부합니다.

- 체포 과정에서 불법적으로 폭행을 당했기 때문에 이에 항의하는 의미에서 진술을 거부합니다. 라는 식으로 진술거부권을 행사하는 이유를 반드시 기재하도록 합니다.

- 한편 변호인 접견 시까지 일시 묵비를 할 경우에는 '변호인 접견 후에 조사를 받을 것이니 조서 작성을 미루자'고 하고, 그래도 조서 작성을 강행할 경우에는 '변호인의 조력을 받은 후에 진술하겠습니다.' 라고 기재되도록 합니다.

- 수사기관에서는 전과자 확인을 위하여 '수사자료 표'를 만드는데 여기에 열 손가락 지문(십지 지문)을 찍을 것을 요구하곤 합니다.

- 이는 인권 침해의 소지가 있기 때문에 개선을 요구해야 할 사항이기는 합니다만, 실무상으로는 이를 거부할 경우 수사기관에서는 법원으로부터 영장을 발부받아 찍게 하고 있고, 한편으로는 구속영장 청구 사유로 삼는 경우가 있으므로 이를 거부하고자 할 경우에는 반드시 담당 변호사와 먼저 상의를 하도록 합니다.

(4) 자신이 알고 있는 것만 진술

- 자신이 모르는 사실을 질문할 때 '무조건 모른다.' 라고만 답할 경우 알면서 은폐하는 것으로 오해받을 수 있으니 자신이 모를 수밖에 없는 이유를 "○○○때문에 모른다." 라고 설득력 있게 대답해야 합니다.

- 자신이 아는 것만 이야기합니다.

- 추측성의 진술은 금물이며 특히 다른 사람의 역할에 대해서 함부로

추측하여 진술하는 것은 불필요한 피해를 확산시킬 수 있습니다.

(5) 피의자신문조서 이상 여부 확인 철저

- 피의자신문조서를 작성한 때에는 반드시 읽어보고 이상이 없음을 확인한 후 반드시 무인을 찍어야 합니다.

- 수사기관이 작성한 조서는 맨 뒷부분에 자필 서명과 날인, 간인이 없으면 효력이 없기 때문에 조서를 마치고 나면 무인을 찍을 것을 요구받게 됩니다.

- 이 때 무인을 찍고 나면 나중에 이를 번복하는 것이 정말 쉽지 않으므로 피의자신문조서를 작성한 때에는 반드시 2번 읽고 이상이 없음을 확인한 후에야 비로소 무인을 찍어야 합니다.

- 무인을 거부할 경우 경찰이 '날인 거부' 라고 한 채 조서 작성을 끝낼 수도 있으니 이러한 경우에는 왜 무인을 거부하는지 그 이유(말하자면 내 진술과 다른 내용이 들어 있어서 수정을 요구하였는데 거부당하였다. 또는 조사 과정에서 폭언·폭행을 당하였다. 등등)를 반드시 자필로 조서말미에 쓰도록 합니다.

- 검사는 피의자신문조서 작성 시에 입회하지 않았기 때문에 경찰이 작성 올린 피의자신문조서를 읽게 되는데 피의자신문조서에 무인이 되어 있지 않을 경우 왜 무인을 하지 않았는지 피의자신문조서 말미에 피의자가 자필로 내 진술과 다른 내용이 들어 있어서 수정을 요구하였는데 거부당하여 무인을 거부합니다. 라고 기재하면 검사가 이를 읽고 다시 적절한 조치를 취하거나 다시 피의자신문조서를 작성할 수 있습니다.

- 피의자는 피의자신문조서를 읽고 생각 이외 사실과 전혀 다른 내용이 있을 때는 반드시 수정을 요구하고 그래도 석연찮은 내용이 있다면 조서말미에 자필로 한말이 없는가의 질문에 구체적으로 쓰면 검사가 이 부분은 집중적으로 살펴봅니다.

- 또 검사가 제대로 읽지 않고 피의자가 자필로 쓴 불만 부분을 그대로 무시하고 영장을 청구하였을 경우 법원의 영장담당판사가 영장을 발부하지 못하게 됩니다.

(6) 피의자신문조서의 원본 수정 및 삭제요구

- 자신이 진술한 것과 다른 내용이 적혀 있는 경우 반드시 수정 및 삭제를 요구합니다.

- 대부분 경찰은 '피의자신문조서의 원본에 두 줄 긋고 볼펜으로 새로운 내용을 덧붙여 쓰는 방식'으로 수정하자고 하는데, 오타 정정처럼 사소한 내용이 아닌 한 원칙적으로 컴퓨터 파일 자체의 문구를 바꾸어 다시 출력할 것을 요구해야 합니다.

- 피의자신문조서는 후일 재판의 중요한 자료이므로 경찰이 삭제 요구에 응하지 않을 경우 '내 조서에 내가 하지도 않은 말이 남는 것은 싫다'라거나 '이 문구 때문에 불필요한 오해를 사고 재판 결과가 불리해지면 당신이 책임질 거냐?'는 등등으로 항의를 하더라도 반드시 바로 잡아야 합니다.

(7) 조서는 중요하므로 하고 싶은 말 모두 진술

- 대부분이 경찰 조사를 받는다는 것에 익숙하지 않기 때문에 심리적으로 피곤하고 위축도 되어 있고, 이 불편하고 지긋지긋한 조사실을

어서 떠나고 싶은 생각에 대충 읽어보고 날인을 하는 사람이 대부분입니다.

- 조서는 검사가 죄가 있느냐 없느냐에 대한 판단 즉, 기소여부를 결정하는 가장 중요한 근거와 기준이 되는 것입니다.

- 조사관의 수준과 질도 천차만별이고 그들도 사람이기 때문에 얼마든지 예단과 편견을 갖고 조사할 수 있다고 봅니다.

- 만약에 아주 억울한 일을 당했다고 생각하고 상대방을 고소했는데 아무래도 내 입장을 잘 들어줄지 확신이 서지 않는다면 동원할 수 있는 모든 수단을 찾으려고 할 것입니다.

- 때로는 자신도 동료에게 그런 간접적 형식의 청탁을 할 수도 있고 일종의 품앗이 같은 성격도 갖고 있기 때문에 조직 내에서 나 혼자 독야청청하게 살기는 어렵습니다.

- 그런 눈치도 없이 마이웨이를 외치며 양심과 법에 따라 행동하겠다고 한다면 아마 그는 조직생활을 하기가 쉽지 않을 것은 분명합니다.

- 수사기관처럼 상명하복의 조직관계에서는 특히나 더 강하다고 볼 수도 있기 때문에 대부분의 경우는 공평하게 처리하겠지만 뉴스에 나오는 갖가지 비리를 보더라도 그것이 전체의 일부에 해당할 뿐이라는 점은 아무리 순진한 사람이라도 미루어 짐작할 수 있을 것입니다.

- 물론 이는 극단적인 상황을 가정한 것이지만 완전히 배제할 수도 없다는 뜻이지 다 그렇다는 것은 절대 아닙니다.

- 그런 우려를 포함하여 대처해야 한다는 뜻으로 해석해 주셨으면 하는 심정입니다.

- 그렇기 때문에 조서만큼은 정말 잘 읽어보고 대처할 수밖에 없습니다.

- 조서는 읽고 또 읽으면서 전체적인 조서의 줄기가 어떻게 이뤄져 있는 것인지 살펴보고 정정할 부분은 꼼꼼히 진술내용을 정정해야 하고 빠진 것이 있으면 반드시 추가해야 합니다.

- 조사관이 짜증을 내며 빨리 읽으라며 채근하겠지만 핀잔을 듣더라도 그에 쫓기고 쉽게 지장을 찍고 도장을 찍어서는 절대 안 됩니다.

- 피의자신문조서는 한 시간이고 두 시간이고 꼼꼼히 읽어가며 본인이 말하고 싶은 부분이 빠진 부분이 없는지 있는지 살펴야 하고, 이 사건에서 취급되어야할 중요한 사항이 누락되어 있지는 않은지 잘 체크해 봐야 한다는 것입니다.

- 조사관이 물어보고 싶은 부분만 물어보고 본인은 수동적으로 답하게 되면 낚시 줄에 끌려가는 것이나 다름이 없습니다.

- 내가 하고 싶은 말을 모두 조서에 기재하도록 하는 것이 조사를 잘 받는 것입니다.

- 잘못하다간 조사관의 유도심문에 경미한 사건이 의도적으로 크게 부풀려지고 없는 죄가 만들어지게 될지도 모르기 때문입니다.

- 충분히 읽고 또 읽어가면서 "내가 꼭 하고 싶은 진술"과 "조사에서 취급되어야할 중요한 사실" 하나 하나에 대해서 놓치지 말고 세밀하게 보충하여야 합니다.

- 물론 나중에 의견서나 보충진술서 형식으로 제출하여도 되지만 검찰에서 검사가 가장 중요하게 살펴보는 것이 경찰에서 받은 피의자신문

조서이므로 조서내용에 기재하는 것이 훨씬 좋습니다.

- 피의자신문조서는 검사가 읽고 유무죄를 판단하는 중요한 자료이기도 하고 또한 재판에 가더라도 판사도 피의자신문조서내용을 가장 중시하여 판단을 합니다.

- 피의자신문조서는 형사사건에서 가장 기준이 되는 공적 문서이기 때문입니다.

- 이에 비해서 의견서나 보충진술서는 단지 참고자료일 뿐이지 큰 의미를 갖지 못하기 때문에 형사사건에서 피의자신문조서가 가장 중요하게 작용한다는 점은 아무리 강조해도 지나치지 않는다는 것입니다.

- 의견서나 보충진술서는 피의자신문조서에서 경황이 없어서 진술할 내용을 충분히 기재하지 못하였거나 억울한 부분이 있거나 조사에서 반드시 참고해야할 부분 등을 정리해서 제출하면 되고 팩스나 우편 또는 직접 방문하여 제출해도 됩니다.

- 새로 발견했거나 제출하지 못한 증거자료를 첨부하는 것도 좋은 방법입니다. 특별한 형식은 없고 제목에 의견서 또는 보충진술서라고 기재하고 제출하는 년 월 일과 작성자, 서명을 하면 됩니다.

(8) 조사받을 때 방법

- 조사를 받을 때는 반드시 노트를 지참하고 조사관의 질문사항과 답변에 대해서 메모를 일일이 하면서 조사를 받으면 좋습니다.

- 모두 적지 못한다면 요점만이라도 기재해 두면 사건 당사자에게는 쉽게 이해가 되기 때문입니다.

- 메모를 하나하나 체크하고 적으면 조사관의 다음 질문을 예상할 수 있기도 하고 모순된 답변을 피할 수도 있으며 큰 흐름을 스스로 파악할 수 있기 때문입니다.

- 절대 조사관이 묻는 것에 답변을 늦게 한다고 해서 내게 불리할 건 하나도 없고 아무것도 없다는 것을 꼭 명심하고 천천히 꼬박꼬박 진술하면 됩니다.

- 준비가 부족하거나 좀 더 확인하고 확실하게 해야할 부분이 있다면 경우에 따라서 도저히 오늘은 몸이 아파서 조사를 받을 컨디션이 아니라며 건강상의 이유를 대고 조사를 다음으로 미뤄달라고 요청해야 하지 그냥 대충대충 진술하면 안 됩니다.

- 돌아가서 충분히 생각을 정리해서 다음에 조사를 받는 것도 하나의 방법입니다.

(9) 수사관교체신고

- 조사관이 조사과정에서 윽박지르거나 인신공격하거나 처벌을 빌미로 압박을 한다면 조사를 거부하셔야 합니다.

- 그러한 사정을 이유로 경찰서 내에 있는 청문감사관실에 조사관 기피신청을 하시면 바로 조사관을 교체하고 그 조사관은 문책을 받거나 처벌을 받게 됩니다.

- 본인에게 뭔가 선입견을 갖고 불리하게 한다는 생각이 들면 조사관을 바꿔 달라고 바로 신청하시기 바랍니다.

- 경찰의 피의자에 대한 인권보호가 예전보다는 상당히 나아졌다는 점은 분명합니다.

- 그러나 조사관은 수사기법의 한 방법으로 종종 고압적인 태도를 취하며 피조사자를 압박하지만 전혀 기죽을 필요 없으니 충분히 소명할 자료를 가지고 있다면 얼마든지 당당하게 대처해야 합니다.

(10) 가장 중요한 것은 절대로 쉽게 날인하시면 안 됩니다.

- 어정쩡하다면 차라리 묵비권을 행사하는 것도 하나의 방법입니다.

- 기소의견으로 처리하겠지만 어차피 기소가 될 것이라면 차라리 본인에게 불리한 수사관에게 조사를 받고 날인을 해서 유죄를 인정하는 것보다는 법정으로 가서 사실관계를 다투는 것이 훨씬 낫다는 것입니다.

- 법정에서는 국선변호인을 선임할 기회도 주어지고, 수사기관보다는 공정성이 훨씬 더 많이 보장되고 있습니다.

- 경미한 사건이고 본인에게 절대 유리하다면 날인을 해야겠지만 불리한데도 앞뒤 생각 없이 넙죽넙죽 진술하고 인정하고 조서에 도장을 찍는 순간, 번복하기는 매우 어렵고 진술번복은 특단의 사정이 없는 한 진정성을 의심받게 된다는 점을 분명히 기억하셔야 하는 중요한 대목입니다.

제7장

경찰조사 후 검찰청으로 송치 대응

제7장 /

경찰조사 후 검찰청으로 송치 대응 -

(1) 경찰 송치의견서

- 조사관은 조사를 마치면 지금까지 자신이 조사를 통하여 느낀 과정을 의견서에 담아 사건기록과 함께 검찰청으로 보내는 데 이를 '송치의견서' 라고 합니다.

- 형사소송법에 의하면 모든 형사사건의 수사에 있어 최종결정권자는 검사입니다.

- 대부분 고소나 고발사건이 접수와 상관없이 거의 경찰서에서 조사를 하고 수사의 결론을 위해서 수사기록은 모두 검사에게 보내야 하는 데 이러한 절차를 송치한다고 하는 것입니다.

- 그래서 경찰서 조사관이 조사한 결과에 대하여 의견서를 작성해 송치서에 첨부하는 데 송치의견서에는 수사가 어떻게 이루어졌는지 경찰관의 생각을 기재되어 있습니다.

- 검사가 고소나 고발사건을 최종적으로 결정할 때는 먼저 경찰관이 작성한 송치의견서를 읽어 그 다음 고소장이나 고발장을 읽고 두 가지를 비교 검토한 후 유·무죄를 결정합니다.

- 그러므로 고소장을 읽어보면 범죄 혐의 인정될 가능성이 농후함에도 무혐의 처분으로 송치된 사건에 대하여는 검사가 기록 전체를 다시 읽어 검찰에서 다시 수사할 것인가 여부를 결정합니다.

(2) 검사의 결정

- 대부분 형사사건은 사법경찰관리가 검사로부터 수사지휘를 받아 피고
소인을 상대로 피의자신문조서를 작성하고 관련 증거물을 첨부하여
사건을 검찰청으로 송치(의견서를 첨부)하고 피의자에게 검찰로 사건
이 송치되었고 송치번호가 적힌 문자메시지를 보내고 있습니다.

- 검사가 고소사건이나 고발사건을 최종적으로 결정할 때는 먼저 경찰
관이 작성한 송치의견서부터 읽고 그 다음 반드시 고소장이나 고발장
을 읽어 두 가지를 비교 검토한 후 유·무죄를 결정합니다.

- 그러나 고소장이나 고발장을 읽어보면 범죄 혐의 인정될 가능성이 농
후함에도 사법경찰관이 무혐의 처분으로 송치한 사건에 대하여는 검
사가 기록 전체를 다시 읽어 검찰에서 다시 수사할 것인가 아니면 다
시 경찰서로 보강수사에 대한 지휘 여부를 결정합니다.

(3) 피의자의 의견서

- 대부분 경찰에서는 더 이상 추가수사 또는 보강수사 없이 혐의 입증
된 것으로 판단하는 경우 피의자가 추가수사를 요구하여도 그 간에
수사한 자료만 검찰청로 송치하여 검사로부터 판단을 받는 경우가
많습니다.

- 이러한 경우 피의자로서는 경찰 조사과정에서 잘못된 진술이 있거나
추가수사의 필요성을 배척한 것이 있거나 새로운 증거자료가 준비되
었거나 피의자신문조서작성 시 진술을 제대로 하지 못한 부분이 있
으면 경찰에서 검찰청으로 사건기록을 송치하였다면 바로 '의견서'
를 작성해 검찰청에 제출하여야 합니다.

- 피의자로서는 경찰조사에서 다 하지 못한 진술이나 또 추가적으로 제출할 증거자료 등이 있을 때는 즉시 의견서를 작성해 제출하지 않으면 검사가 바로 결정을 할 수 있습니다.

- 가급적이면 경찰에서 검찰청으로 송치하였다는 연락을 받은 경우 지체 없이 의견서를 작성하여 제출하지 않으면 대부분 검사는 사법경찰관이 작성한 송치의견서와 같이 추가수사의 필요성이 없는 한 결정을 하게 되므로 즉시 검찰청에 의견서를 제출하여야 합니다.

- 절대 그냥 넘어가면 안 됩니다. 부족한 것은 보강하지 않으면 그대로 검사가 판단할 경우 피의자에게 불이익이 생깁니다.

- 실무에서는 사안에 따라 추가진술서 또는 진술서라고도 부르지만 의견서로 작성해 제출하면 됩니다.

(4) 소환조사

- 형사사건은 경찰에서 1차적으로 조사를 마친 후 검찰청으로 송치되면, 담당 검사가 소환조사를 할 것으로 알고 있고 또 경찰에서 다하지 못한 진술이나 증거자료가 있으면 그때 검사를 만나 증거를 제출하고 진술을 하면 된다고 생각하고 있습니다.

- 그러나 검찰청에서는 기록을 검토하고 경찰관이 충분한 조사가 이루어졌다고 인정되고 더 이상 추가조사가 필요하지 않다고 판단되면 피의자를 소환하지 않고도 검사가 범죄 유·무를 결정하는 경우가 아주 많습니다.

- 검찰청에서 피의자를 소환하는 경우로는 결찰관이 조사한 기록에 의하여 혐의 유·무에 대한 증거가 불충분하여 추가 수사가 필요한

경우 에만 보강수사를 위하여 소환조사를 할 수 있습니다.

- 대부분 경찰관이 작성한 기록만으로도 검사가 피의자를 기소하거나 불기소처분하는 것이 증거가 충분할 경우 검찰청에서는 피의자를 별도로 소환하지 않고 처분을 내릴 수 있습니다.

(5) 송치대응

- 형사사건은 대부분 경찰에서 조사가 마무리 된 상태에서 검찰청으로 사건을 송치합니다.

- 피의자들은 경찰조사 과정에서 자신의 혐의에 대하여 완벽하게 벗지 못한 채 기소의견으로 검찰청으로 송치되는 경우가 많습니다.

- 그런데도 피의자들은 경찰에서 혐의가 인정되어 기소의견으로 검찰청으로 송치된 것을 모르고 검찰청에서 소환하면 그때 가서 자신이 못다한 진술을 하고 증거자료를 확보하여 검사면전에서 내겠다고 소환을 기다리는 경우가 상당히 많은데 검사로서는 아무런 연락을 하지 않고 송치기록만으로 혐의가 인정되면 검사가 기소를 하는 경우가 상당히 많습니다.

- 그러므로 피의자의 사건이 경찰관으로부터 검찰청으로 송치하였다고 문자메시지가 왔다면 바로 검찰청으로 가서 어떤 혐의로 송치되었는지 또 고소인은 어떤 진술을 했고 고소인의 주장을 뒤집을 수 있는 증거자료를 확보하여 검찰청으로 의견서를 작성하여 제출하여야 합니다.

(6) 유리한 증거

- 피의자가 경찰조사에서 억울한 부분을 피의자신문조서에서 제대로 진술하지 못했다거나 유리한 증거자료 혹은 고소인의 주장을 뒤집을 수 있는 관련 자료를 제출하지 못한 채 사건이 검찰청으로 송치된 경우 바로 검찰청에 제출하고 의견서를 작성해 규명하여야 합니다.

(7) 추가진술

- 경찰에서 수사를 종결하고 검찰청으로 송치했다는 문자메시지가 왔다면 피의자는 서둘러 무혐의 혐의 없음으로 불기소처분을 받을 수 있도록 증거자료를 첨부하여 추가진술서나 의견서를 작성해 제출하여야 합니다.

- 방어를 제대로 하지 못하고 제대로 된 증거를 제출하지 못한 채 경찰에서 꾸민 기록만 그대로 인용하여 기소되어 재판을 받는다면 불리할 수밖에 없습니다.

- 피의자들이 제대로 대응하지 못해 불이익을 받는 분들이 많습니다.

- 경찰에서 검찰청으로 송치했다고 문자메시지가 오면 이미 늦었습니다.

- 곧바로 관련 자료를 첨부하여 추가진술서를 제출하거나 이에 따른 의견서를 자세히 기재하여 제출하는 등 이에 적극적으로 대응해야 합니다.

- 형사사건에 대한 최종적으로 처분하는 검사는 피의자가 경찰에 출석하여 경찰관의 면전에서 피의자신문조서를 작성할 때 입회하거나 참석하지 않았기 때문에 경찰에서 올린 기록과 피의자신문조서와 경찰

관이 작성한 송치의견서와 고소인이 낸 고소장을 두루 살핀 후 유·무죄의 판단을 하는 것이기에 피의자로서는 추가적으로 제출할 증거를 비롯해 의견서를 작성해 제출하고 피의자에 대한 억울한 점을 구체적으로 진술해야 합니다.

(8) 검사의 최종처분

- 검사는 사법경찰관리가 작성한 송치의견서와 수사기록을 넘겨받아 검토하고 더 이상 추가수사의 필요성이 없는 경우 아래와 같이 처분을 하게 됩니다.

    첫째, 피의자를 구속하여 법원에 정식재판을 청구하는 구속 구공판을 할 수 있습니다.

    둘째, 피의자를 불구속하여 법원에 정식재판을 청구하는 불구속 구공판을 할 수 있습니다.

    셋째, 피의자를 불구속하여 법원에 약식재판을 청구하는 불구속 구약식을 할 수 있습니다.

    넷째, 피의자를 혐의 없음으로 불기소처분을 할 수 있습니다.

- 그러므로 경찰에서는 1차적으로 조사를 마치고 기소 또는 불기소 의견으로 검찰로 송치하는 데 피의자에게 구체적으로 알려주진 않으므로 철저히 대비하여야 합니다.

제8장

수사관련 서식

【(1)진술서】 피고소인이 자신의 혐의를 전면 부인하고 사실과 전혀 다른 허위사실로 고소한
고소인에 대하여 무고혐의로 처벌해 달라는 진술서

진　　술　　서

사 건 번 호 ：　○○○○수사 제○○○○호　유가증권위조 등

고 　 소 　 인 ：　○　　　○　　　○

피 고 소 인 ：　○　　　○　　　○

경상남도 양산경찰서장 귀중

진   술   서

1. 진술인

성 명	○ ○ ○	주민등록번호	생략
주 소	경상남도 양산시 ○○로길 ○○, ○○○-○○○호		
직 업	상업	사무실 주 소	생략
전 화	(휴대폰) 010 - 2389 - 0000		
기타사항	이 사건 피고소인입니다.		

상기 진술인은 귀서 ○○○○수사 제○○○○호 본인에 대한 유가증권위조 등 피의사건에 관하여 피의자로서 다음과 같이 진술서를 작성하여 제출합니다.

- 다   음 -

1. 진술인과 고소인 간의 관계

(1) 고소인 ○○○은 이 사건 8,000만 원 짜리 약속어음을 발행한 주식 회사 ○○○산업의 경영자입니다.

(2) 진술인은 고소인이 경영하는 위 회사 사무실을 함께 사용하는 고소 외 ○○○이 경영하는 주식회사 ○○○철강의 이사로 근무하고 있습니다.

(3) 고소인이 경영하는 주식회사 ○○○산업은 코스탁 상장회사인 주식 회사 ○○○(대표이사 ○○○)의 자회사이며, 위 ○○○과 고소인 ○○○은 친구지간입니다.

(4) 주식회사 ○○○의 대표이사 ○○○은 ○○○○. ○○. ○○. 주식회사 ○○○○산업을 후일 자회사로 만들기 위하여 진술인의 아들 ○○○으로부터 이 회사를 인수하여, 자신이 비서로 데리고 있던 ○○○을 경영자로 내세웠는데 ○○○이 경영자가 되면서 진술인의 아들 ○○○은 주식회사 ○○○○의 경영에서 물러났으나 진술인과 진술인의 이들 소유의 부동산들이 주식회사 ○○○○산업의 채무 때문에 거래은행에 담보로 제공되어 있어 이 문제를 해결하기 위하여, 진술인은 직원으로 남아 근무하게 되었던 것입니다.

(5) ○○○은 위 ○○○을 내세워 주식회사 ○○○○산업을 인수하면서 자신의 친구인 고소인 ○○○이 사용하여온 주식회사 ○○○○산업의 사무실을 주식회사 ○○○○산업도 함께 사용하도록 조치하였습니다.

2. 이 사건 8,000만 원 짜리 약속어음의 발행과 유통과정

(1) 고소인 ○○○과 고소 외 ○○○이 무슨 말을 주고받았는가를 알 수는 없으나, 고소인 ○○○은 이 사건 8,000만 원 짜리 약속어음을 백지로 발행하여 ○○○에게 주었고, ○○○은 이 어음을 할인 받기 위해 주식회사 ○○○○산업의 영업부장으로 근무하는 ○○○에게 이 사건 약속어음의 금액 난에 금 8,000만원과 지급기일 난에 ○○○○. ○○. ○○.을 기입하라고 말하였고, ○○○은 시키는 대로 써 ○○○에게 주었습니다.

(2) ○○○은 이 사건 약속어음을 ○○○에게 주었고, ○○○은 이 사건 약속어음을 ○○○에게 주면서 ○○정밀 대표이사 ○○○에게 말해 놓았으니 가서 할인을 받아오라고 말하였습니다.

(3) ○○○은 ○○○과 함께 ○○정밀 사장에게 찾아가 할인을 의뢰하였

던바, ○○정밀 사장은 자신의 거래은행으로 이 사건 약속어음을 들고 가 자신이 배서를 한 후 할인을 의뢰하였는데 거래은행에서 할인을 거절하였습니다.

(4) ○○정밀 사정은 자신이 배서한 난을 삭제한 후 이 사건 약속어음을 ○○○에게 반환했습니다.

(5) 진술인은 위와 같은 사실들을 최근에야 알게 되었습니다.

3. 진술인이 이 사건 약속어음을 받게 된 경위

(1) 진술인은 ○○○○. ○○. ○○. 주식회사 ○○○○산업에게 돈을 7,000만원 대여하여 준 신용보증기금 ○○지점으로부터 1년간 채무변제기한을 연장하기 위한 담보제공과 연대보증을 해 줄 것을 요구받았고, 이 요구를 ○○○에게 전하면서 이미 변제기한이 지났으니, 속히 담보를 제공하고 연대 보증인을 세워주어야겠다고 말하였습니다.

(2) 그러자 ○○○은 ○○○○. ○○. ○○.자신이 직접 배서한 이 사건 약속어음을 진술인에게 주면서 이 어음을 신용보증기금에 견질로 주라고 말하였습니다.

(3) 진술인은 ○○○이 시키는 대로 신용보증기금에 견질로 주었는데 수취인 난이 기재되어 있지 않았기에 진술인이 수취인 난에 주식회사 ○○○○산업을 기재하였을 뿐입니다.

4. 이 사건 약속어음이 부도날 때까지의 경과

(1) 진술인은 ○○○○. ○○. ○○.신용보증기금에서 요구하는 연대보증인을 세우면서 견질로 주었던 이 사건 약속어음을 반환해 줄 것을

요구하였던바, 신용보증기금 직원은 이 사건 약속어음을 진술인에게 반환해 주었습니다.

(2) 한편, 진술인은 ○○○○. ○○. ○○. ○○○의 요청에 따라 진술인이 살고 있는 집에 대하여 사채업자 ○○○에게 소유권이전등기청구권가등기를 해주면서 ○○○으로부터 7,000만 원을 빌려 ○○○에게 줬고, ○○○은 진술인에게 ○○○사장이 대신 갚아 줄 것이니 걱정하지 말라고 누차 말했습니다.

(3) 그러나 ○○○과 ○○○은 전혀 갚아주지 않아 진술인은 다른 부동산을 처분하여 일부를 변제하였습니다.

(4) 이러한 사정이 있으므로 진술인은 이 사건 약속어음을 신용보증기금으로부터 반환 받아 보관하고 있다는 사실을 ○○○에게 말하지 않고 계속 보관하고 있었던 것입니다.

(5) ○○○은 ○○○○. ○○. ○○.신용보증기금 목포지사에 전화를 걸어 이 사건 약속어음의 지급기일을 연장해 달라고 요청하였는데, 신용보증기금의 직원으로부터 이미 이 사건 약속어음은 진술인에게 반환되었다는 대답을 들었습니다.

(6) 그리고 ○○○은 진술인에게 약속어음을 가지고 있느냐고 묻기에 진술인은 사실대로 가지고 있다고 대답하면서 사채업자에게 돈을 갚는 데 사용하겠다고 말하였습니다.

(7) 그러자 ○○○은 그렇다면 사용해도 좋은데 ○○○○. ○○. ○○. 지급제시하면 부도나니 이틀만 더 있다가 지급제시를 해 달라고 말하기에 그렇게 해 주겠다고 대답했습니다.

그런데 다음날 진술인이 이 사건 약속어음을 소지하고 있음을 알게 된 고소인 ○○○은 이 사건 약속어음을 결제할 자금을 입금하지 않을 뜻을 말하였고, 진술인은 이 말을 듣고 이틀을 미룰 필요가 없다고 생각하게 되었습니다.

그런데 이때 무렵 진술인은 진술인의 아들 ○○○이 주식회사 ○○○○산업의 채무자이고 연대 보증인으로 되어 있는 ○○은행 ○○지점에서 대출받은 채무를 대위변제하였음을 알게 되었습니다.

그리하여 진술인은 진술인의 아들이 주식회사 ○○○○산업으로부터 돈을 받아야 하니 이 사건 약속어음을 아들에게 주어 구상금을 받게 해야 겠다고 ○○○에게 말하였던바, ○○○은 그렇다면 하는 수 없죠 라고 말하면서 승낙을 했습니다.

진술인은 이 사건 약속어음을 아들인 ○○○에게 주었고, 아들은 거래은행에 지급제시 하였는데 고소인 ○○○이 이 사건 약속어음은 위·변조된 어음이라고 신고하였기 때문에 지급이 거절되었습니다.

(8) 진술인은 고소인 ○○○에게 찾아가 사고 신고한 것에 대하여 강력히 항의하였던바, 고소인은 부도를 내지 않기 위해서 부득이 사고 신고를 한 것이라고 말하였습니다.

5. 이 사건 고소가 무고 행위임에 관하여
  이 사건 약속어음은 고소인 ○○○이 백지로 발행하여 ○○○에게 주었고, ○○○의 지시를 받은 ○○○에 의하여 금액과 지급기일을 각 보충 기재되었으며, ○○○이 배서를 한 후 신용보증기금에 견질로 주어졌다가 진술인 등이 연대보증을 서는 바람에 반환된 약속어음입니다. 한편, 고소인 ○○○도 이 사실을 잘 알고 있었습니다.
  그럼에도 불구하고 결제자금이 없어 부도날 위기에 처하자 사고신고

담보금을 ○○은행에 보관시키지 않고 부도를 막기 위하여 허위의 사실이 기재된 고소장을 수사기관에 제출하고 그 고소장의 접수증명원을 첨부하여 고의적으로 사고신고를 하였던 것입니다.

따라서 이 사건은 고소인 ○○○이 무고죄로 처벌을 받을 사건이고, 진술인이 처벌을 받을 사건은 결코 아니므로 철저히 수사하여 고소인을 무고로 처벌하여 주시기 바랍니다.

소명자료 및 첨부서류

1. 증 제1호증   ○○은행 대출금 약정서
1. 증 제2호증   등기사항전부증명서

○○○○ 년 ○○ 월 ○○ 일

위 진술인(피의자) : ○   ○   ○   (인)

경상남도 양산경찰서장 귀중

【(2)서면진술서】 피고소인 또는 목격자 등이 서면으로 진술하여 담당 수사기관에 제출하는
진술서

서 면 진 술 서

진 술 인 : ○　　　○　　　○

강원도 춘천경찰서장 귀중

서 면 진 술 서

1. 진술인

성 명	○ ○ ○	주민등록번호	생략	
주 소	강원도 양구군 양구읍 ○○로 ○○, ○○○-○○○호			
직 업	상업	사무실 주 소	생략	
전 화	(휴대폰) 010 - 7654 - 0000			
기타사항	이 사건 피고소인입니다.			

위 사람은 불상자에 대한 변사사건에 대하여 ○○○○. ○○. ○○. 강원도 춘천경찰서 수사과에서 발송한 이메일에 대하여 다음과 같이 문답서를 제출합니다.

- 다 음 -

문   언제 어디서 변사자를 발견하였나요.

답   ○○○○. ○○. ○○.(토) 17:40경 ○○산 ○○○에서 ○○선 방향으로 10분쯤 거리의 등산로(○바위 우회로라고 알고 있습니다.)에서 발견하여 17:43분에 119로 신고했습니다. 이후 주변의 위치 푯말을 확인하니 "북서 34 - 02" 라고 되어있었습니다.

문   변사자는 알고 있는 사람입니까.

답   모르는 사람입니다.

문   발견하게 된 경위에 대하여 진술하시오.

답 본인은 ○○○○. ○○. ○○. 오전 10시부터 홀로 ○○산, ○○산, ○○산, ○○산을 종주하는 중에 ○○산에서 추락으로 인한 사망으로 추정되는 사망자를 발견하고 119로 신고하였습니다. 이후 119구조대가 도착할 때까지 정확한 사고지점을 알려주며 현장에서 머물다가 구조대원에게 신고자 인적사항 등을 알려준 후 하산했습니다. 산악 구조대가 현장에 도착했을 때 ○○선 방향에서 사고현장 쪽으로 야간산행을 하던 4명의 (여자1, 남자3, 정확하지 않습니다) 등산객이 현장에서 구조대와 같이 만났습니다. 잠시 후 그들은 ○○방향으로 산행을 계속했습니다.

문 변사자가 쓰러져 있던 곳이 등산로였습니까.
답 등산로 한가운데입니다.

문 변사자가 떨어진 것으로 추정되는 절벽(바위)의 높이는 어느 정도 되나요.
답 20~30미터 정도로 추정되는 거의 직각의 절벽입니다.

문 진술인이 등산 시에 절벽(바위)은 어떠한 상태였습니까.
답 본인은 사고지점을 수차례 산행했었지만 사망사고가 잦은 사고위험지역이라는 경고안내문을 보고는 항상 우회하여 다녔기에 절벽 위의 사정은 전혀 알지 못합니다. 사고당일의 일기는 매우 맑은 상태였고 절벽 위의 바위는 마른 상태였을 것이라 생각됩니다.

문 변사자가 흰색 운동화를 신고 있었는데, 추락한 절벽을 운동화로 등산할 수 있는 장소 입니까
답 본인의 생각으로는 운동화로는 절대 안 되며 등산화를 착용했더라도 그곳의 경험이 있는 사람과 동행을 해야 되는 곳이라고 생각합니다.

문 발견 당시 변사자는 어떠한 모습을 하고 있었나요.
답 약 1미터정도의 등산로 중앙에 머리를 ○○봉 쪽으로 하고 다리는 구

부러져 마름모꼴을 하고 길게 누워있는 상태였습니다. 사고자가 입고 있던 옷은 소라색의 점퍼에 회색(추정, 헤드랜턴의 불빛으로 정학한 색을 파악할 수 없으며 기억 또한 뚜렷하지 않습니다.)의 바지를 착용하고 있었으나 신발은 신고 있지 않았으며 주변에 흰색운동화 한 짝, 핸드폰 같이 보이는 전자제품, 헤드폰 등이 널려져 있었습니다. 사고자는 절벽에서 추락하며 바위에 많이 부딪힌 듯 했으며 안면부에 많은 피가 흘러있는 상태였으며 생사여부를 확인하고자 랜턴을 가까이 비추고 살펴보았으나 즉사했을 것으로 생각합니다.

문　현장 주변에 사람은 없었습니까.
답　오후 ○○:○○분 발견 당시에는 다른 사람이 없었지만 신고 후 현장에서 산악구조대원이 올라오기를 기다리는 중 ○○:○○분에 여자1명, 남자3명 (4명인지 정확하지 않습니다.)이 현장에 도착하여 놀라고 있는 중 산악구조대원이 도착하였습니다. 이후 이들 산행인은 ○○봉 방향으로 계속해서 갔습니다.

문　등산 시 비명이나, 구호요청 같은 것은 듣지 못하였나요.
답　전혀 듣지 못했습니다.

문　변사자를 발견 후, 어떠한 조치를 하였습니까.
답　발견 후 생사 여부를 확인했습니다. 이후 즉시 119로 휴대하고 있던 핸드폰으로 신고했습니다. 신고 접수자로부터 산악구조대에 연락을 했으니 잠시 현장을 떠나지 말고 기다려달라고 하여 기다리니 잠시 후 산악구조대가 확인 전화를 해오고 정확한 위치를 알려주며 현장에서 구조대가 와서 현장을 수습하는 것을 본 후 하산했습니다.

문　변사자의 사망에 타살의심 점은 없나요.
답　전문적인 식견이 없으며 어두운 산중에, 인적이 없는 상태라 자세히 관찰하지는 못했지만 타살은 아닌 것 생각합니다.

문   본 건에 대하여 참고로 하실 말은 없습니까.

답   특별한 말은 없지만, 사고를 자살로 추정할 수 있을 것 같습니다. 생
      활고에 시달린 사람의 비관 자살. - 사고 바위는 위험지역이라는 안
      내문이 있으며 사고발생시간이 정상 부근의 산행 인이 모두 하산하고
      없을 오후 ○○시 이후일 것으로 추정되어 정상적인 사람이었다면 평
      상복에 운동화 차림으로 어두워지는 시간에 그런 위험한곳을 산행하
      지 않습니다.

문   이상 진술이 사실인가요.

답   본인의 추정을 제외하고는 모두 사실임을 확인합니다.

                    ○○○○ 년 ○○ 월 ○○ 일

                    위 진술인 : ○   ○   ○   (인)

강원도 춘천경찰서장 귀중

【(3)수사이의 신청서】 담당 조사관이 반말로 고함을 지르고 편파 수사하여 수사관교체요구
수사이의신청서

수사이의 신청서

사 건 번 호 : ○○○○수사 제○○○○호 사기 등

신 청 인 : ○   ○   ○

피 신 청 인 : ○   ○   ○

경기도 남양주경찰서장 귀중

수사이의 신청서

1. 신 청 인

성 명	○ ○ ○	주민등록번호	생략
주 소	경기도 남양주시 ○○로길 ○○,○○○-○○○호		
직 업	상업	사무실 주 소	생략
전 화	(휴대폰) 010 - 9877 - 0000		
기타사항	이 사건 피고소인입니다.		

2. 피신청인

성 명	○ ○ ○	주민등록번호	생략
주 소	경기도 남양주시 경춘로 532,		
소 속	남양주경찰서 조사계근무		
전 화	(사무실) 031 - 567 - 0113, 579 - 8163		
기타사항	이 사건의 담당 조사관입니다.		

상기 신청인은 귀서 ○○○○수사 제○○○○호 본인에 대한 사기 등 피의 사건에 관하여 피의자로서 다음과 같이 수사이의를 신청합니다.

3. 이의의 내용

(1) 신청인은 남양주시에 거주하는 ○○○으로부터 사기 등의 혐의로 고소

를 당하여 현재 남양주경찰서 조사계 피신청인 ○○○ 조사관이 수사 중에 있습니다.

(2) 신청인은 ○○○○. ○○. ○○. 14:00 출석요구를 받고 피의자로서 신문을 받음에 있어 피신청인은 조서도 작성하기도 전에 "당신 사기 혐의로 고소당한 것 알지요" 라고 하므로 신청인은 고소인으로부터 위임을 받아 행한 일이라고 고소내용을 부인하였더니 조사도 받지 않고 내일 15 :00에 다시와 하여 그냥 돌아 온 사실이 있습니다.

(3) 신청인은 피신청인이 조사관으로서 태도가 아주 못마땅하여 피신청인에게 전화를 걸어 변호사를 선임하여 조사를 받고자 한다는 취지를 알려 주려 하였더니 자리에 없어서 15:30에 다시 전화를 걸었더니 퇴근해 버리고 없었다는 다른 조사관의 전화를 받았는데 16:20에 피신청인이 신청인에게 전화를 걸어와 들어오라고 하여 신청인은 변호사를 선임하여 조사를 받겠다고 하였더니 고소인이 들어와 있으니 당장 들어오라고 하기에 나는 전날 조사도 받지 않고 큰소리를 치는 것이 못마땅하여 당신한테 조사를 받지 않겠다고 하였더니 들어오지 않으면 당장 체포영장을 발부받아 강제동행하겠다고 하고는 전화를 끊은 다음, 다시 전화하여 신청인에게 반말로 부모나이 정도인 신청인에게 "들어 온나", "안들어 올거냐" 라고 계속 반말을 하는 것으로 보아 이는 분명 편파수사로 상당한 불이익이 있을 것으로 예상되는바 담당 조사관을 교체하여 주시기 바라면서 이의신청을 제기하는 바입니다.

소명자료 및 첨부서류

1. 증 제1호증   대화녹음 파일

○○○○ 년 ○○ 월 ○○ 일

위 신청인 : ○   ○   ○   (인)

경기도 남양주경찰서장 귀중

수사관 교체 요청서

신청인	성명	○ ○ ○	주민등록번호	123456-1234567
	주소	○○시 ○○로길 ○○, ○○아파트 ○○○동 ○○○○호	전화번호	010-2345-0000
담당 수사관	소속	○○경찰서 수사과 조사계	성 명	○ ○ ○

교체 이유	※ 아래의 사유 중 해당사항에 체크하여 주시기 바랍니다. ■ 수사관의 욕설·가혹행위 등 인권을 침해하였거나 이를 의심할 구체적인 사유가 있는 경우 ■ 청탁전화 수신, 편파수사 등 수사의 공정성을 해한 경우 □ 금품을 수수하였거나 의심할만한 구체적인 사유가 있는 경우 □ 수사관이 사건관계인과 친족 또는 친족관계에 있었던 경우 또는 개인적 친분관계로 인해 수사의 공정성을 의심받는 경우 □ 기타 공정한 수사를 위하여 수사관의 교체가 필요하다고 인정되는 상당한 사유가 있는 경우
	※아래에 교체를 요청하는 구체적인 사유를 기재하여 주시기 바랍니다.(증빙서류가 있는 경우 별첨) (1) 신청인이 ○○○○. ○○. ○○. 10:00에 출석하여 담당 수사관 ○○○로부터 조사를 받으면서 목격한 증인이 있으니 증인 ○○○을 불러 확인해 달라고 요청하였으나 고소인에게 돈이나 갚지 무슨 소리냐며 증인을 거부하였고, (2) 고소인과 합의하라 합의하지 않으면 처벌 받는다며 신청인을 압박을 가하는 등 편파수사로 공정한 수사를 기대할 수 없으므로 공정한 수사를 위하여 수사관의 교체가 필요하여 이건 신청에 이른 것입니다.

○○○○ 년 ○○ 월 ○○ 일

위 신청인 : ○   ○   ○   (인)

경상남도 양산경찰서장 귀중

피고소인 의견서

사   건 : ○○○○년 형제○○○○호 무고

피고소인 : ○   ○   ○

○○○○ 년 ○○ 월 ○○ 일

위 피고소인 : ○   ○   ○   (인)

창원지방검찰청 진주지청 귀중

피고소인 의견서

사   건 : ○○○○년 형제○○○○호 무고

피고소인 : ○   ○   ○

위 사건의 피고소인은 다음과 같이 의견을 개진합니다.

-   다   음   -

1. 사건의 개요

   ○ 피고소인은 이 사건과 관련하여,

   이 사건의 이해를 돕기 위하여 이 사건의 경과를 먼저 설명하고 그외 법률적 의견으로 피고소인에게 무고죄가 성립하지 않고, 오히려 고소인에게 무고죄가 성립된다는 의견을 개진합니다.

   이하 상술합니다.

2. 이 사건의 경과

   ○ 고소인과 피고소인의 관계

   피고소인은 ○○○○를 하는 직업을 가지고, 그 ○○○○를 하는 사

람으로서 ○○○○년경 고향후배의 소개로 부동산관련 일을 하고 있
다던 고소인을 알게 되었습니다.

그리고 서로 부동산과 관련된 일을 하다 보니 고소인은 피고소인에
게 부동산감정 업무를 몇 차례 의뢰하는 등으로 그렇게 관계가 형성
되어 가끔 술이나 식사를 하며 알고 지냈습니다.

3. 피고소인의 부동산 취득

○ 그리고 피고소인은 다음과 같이 이 사건에서 문제되고 있는 부동산들
(이하 '이 사건 부동산들' 이라 합니다)을 취득한 사실이 있습니다.

(1) 먼저 ○○○○. ○○. ○○. ○○○(당시 ○○시 ○○구 ○○
로 ○○○호)로부터 금 ○,○○○,○○○,○○○원에 ○○도
○○군 ○○읍 ○○로 ○○○. 임야 14,348㎡ 같은 131 임야
6,010㎡, 같은 133임야 28,172㎡ 같은 134 목장용지 12,271㎡
같은 140 목장용지 34,834㎡ 같은 144 임야 11,901㎡ 같은 148
임야 6,367㎡ 같은 150 임야 10,694㎡ 같은 157 목장용지
18,777㎡ 같은 159 임야 3,197㎡ 같은 160 임야 9,778㎡ 같은
산 85 임야 295,521㎡ 같은 산 102 임야 59,306㎡ 총 511,176
㎡를 매수하였고,

(2) 다음으로 ○○○○. ○○. ○○. ○○○(○○도 ○○군 ○○읍
○○로 ○○○. 거주)으로부터 금 ○○○,○○○,○○○원에
○○도 ○○군 ○○읍 ○○○, 산 ○○. 목장용지 37,232㎡ 같
은 산 ○○, 목장용지 19,932㎡ 총 57,164㎡를 매수하여,

(3) 위와 같이 ○○도 소재 이 사건 부동산들 총 568,340㎡를 금
○,○○○,○○○,○○○원에 매수하였습니다.

4. 고소인에게 대한 명의신탁

○ 그런데 ○○○○. ○○. ○○. ○○○○주식회사 ○○○라는 자가, 내용증명에 고소장을 첨부해 발송하면서, 피고소인에게 ○○억 원의 채권이 있다며 변제를 요구하고 나서면서 위 부동산 등에 압류할 태세를 보였습니다.

○ 그 문제의 발단은, 피고소인이 소외 ○○○이라는 자와 동업으로 ○○소재 ○○○을 매입하여 운영하던 중, ○○○○년경부터 많은 부채 등으로 동업관계가 파기되자, 그 책임을 피고소인에게 전가하는 것이었고, 무리한 주장이 많았습니다.(증 제1호증 내용증명 및 첨부 고소장 참조)

○ 당시, 피고인은 '이 사건 부동산들'을 매각하는 등의 방법으로 이 문제를 해결하려고 하였는데, 고소외 김영정이 가압류를 하고 소송을 제기하여 장기간 송사가 걸릴지도 모르는 상황이 되자, 상당히 답답하게 되었습니다.

○ 그러자, 부동산컨설팅을 하여 피고소인과 교류하던 고소인이, 피고인의 사정을 알고 '자신이 부동산컨설팅을 하는 등 부동산에 대하여는 경험이 많다'면서 자신에게 명의신탁을 해 두면 안전할 것이라고 말하여, 고소인은 피고소인을 믿고 피고소인에게 명의신탁 한 후 부동산을 처분하여 고소 외 ○○○과의 동업부채 문제 등을 해결하려고 하였습니다.

○ 그리하여, 피고소인은 ○○○○. ○○. ○○. ○○시 ○○구 ○○로 ○○ 법무사 ○○○사무소에서 고소인에게 위 부동산을 금 ○○억 원으로 매매를 가장한 소유권이 전청구권가등기를 하게 되었습니다.

○ 당시, ○○억 원으로 했던 이유는 나중에 매각 시 그 정도로 부동산을 매도 할 것이라 생각하여, 명의수탁자로 도와주는 고소인에게 양도차액으로 인한 양도소득세가 부과되지 않게 하기 위한 것이었습니다.(증 제2호증 매매예약증서 참조)

○ 그리고, ○○○○. ○○. ○○. 최종적으로 등기 이전할 즈음에 세금신고용으로 부동산 매매계약서를 ○○억 원으로 하는 매매계약을 체결하였고, 당시만 해도 기준시가에 따른 세금납부여서 ○○억 원을 기준으로 한 취·등록세도 납부하였습니다.

○ 당시, ○○억 원에 가등기를 설정했음에도, ○○억 원에 매매계약을 체결하게 된 것은, 부동산을 그 정도까지 팔 수 있을 것 같다고 하여, 고소인에게 양도소득세가 부과되지 않게 하려면 저 정도 금액은 해야 할 것 같아서 그렇게 ○○억 원의 매매계약을 체결하게 된 것입니다.(증 제3호증 매매계약서 참조)

○ 그리고, 가등기시 매매예약금 금 ○억 원을 피고소인이 형식적으로 받기는 하였으나, 이 또한 피고소인이 고소인에게 당시 당일 즉시 보내줘, 피고소인은 돈 한 푼도 받지 않았습니다.

5. 고소인의 부동산매각

○ 그 후, 피고소인과 고소인은 애초 계획에 따라 부동산을 매수할 자를 찾았고, ○○○○. ○○. ○○. 고소인이 피고소인을 찾아와 위 부동산을 ○○억 원에 매수할 자가 나타났다고 언급하였습니다.

○ 다만, 매수인이 부동산 매수대금을 한 번에 받는 것이 아니라 부동산을 매각하더라도, 피고소인이 금융권으로부터 차용한 금 ○○억 원, 그 외 중도금 조로 금 ○○억 원을 몇 차례 걸쳐 나누어 먼저 받고, 나머지

잔금 ○○억 원은 매수인이 잔금을 모두 지급할 즈음에 지급한다는 것이었습니다.

○ 그리고, 그 변제계획을 고소인이 자필로 정산서까지 작성하여 고소인에게 지급하기도 하였습니다.(증 제4호증 고소인 자필의 정산서 참조)

○ 그런데, 한참이 지난 후에도 잔금 ○○억 원은 지급할 생각도 하지 않았고, 피고소인이 듣기에 고소인이 위 매매대금으로 사채업을 한다는 소리가 들려, 이에 피고소인이 고소인에게 몇 차례 강력하게 위 매매대금의 지급을 요구하였으나 전혀 지급할 의사를 보이지 않았습니다.

6. 피고소인이 고소인을 형사고소

○ 이에, 피고소인은 ○○○○. ○○. ○○. ○○지방검찰청 ○○지청에 피고소인이 위와 같이 매매잔금 금 ○○억 보관하면서 돌려주지 않고 있다는 내용으로 고소를 제기하였습니다.

7. 합의서 체결 및 고소취하

○ 그러자, 고소인은 피고소인에게 대리인을 보내와 합의를 요청하였습니다.

○ 당시, 고소인은 명의신탁에 따른 추징금 등의 문제를 언급하며 자신이 입을 닫고 가만히 있겠다면서 3~4억 정도에 협의하자고 하여, 이에 피고소인은 고소인이 너무 괘씸하여 합의하고 싶지도 않았지만, 공소시효가 임박해 오고 있어 혹시 공소시효 문제로 사건이 흐지부지 되지 않을까 우려되어, 금 ○○억 원을 받는 조건으로 합의를 하게 되었습니다.

○ 그리고, 그 지급조건은, ○○억 원은 현금으로, ○억 원은 고소인이 이 사건 부동산들의 매수자로부터 받을 토지잔금 및 근저당권을 양수하는 내용이었습니다.

○ 그렇게 합의한 후, 피고소인은 고소인에 대한 고소를 취하하였던 것입니다.

8. 합의 시에 기망과 민사소송제기

○ 그런데, 그 후 피고소인이 매수인 측으로부터 확인한 바에 의하면, 고소인이 매수자로부터 지급받을 금액이 전혀 없다는 것이었습니다. 결국, 고소인은 위와 같이 합의 시에 또 피고소인을 기망하였던 것입니다.

○ 이에 피고소인은 ○○○○. ○○. ○○. ○○지방법원 ○○지원 ○○○○가합○○○○호 사건으로, 애초 못 받은 이 사건 부동산들의 매매잔금 금 ○○억 원 중, 위 합의 시 수령한 ○○억 원과 고소인에게 수고비로 지급하기로 한 금 ○억 원을 제외한 나머지, 약 금 ○○억 원을 청구하는 소송을 제기하여 현재 소송계류 중에 있습니다.

9. 소결

○ 피고소인은 이상과 같이 고소인의 고소에 대한 부당성을 밝힙니다.

10. 피고소인에게 무고죄 성립하지 않음에 대하여

(1) 본 사건은 이미 피고소인의 고소인 '횡령' 고소 시, 고소인이 그 잘못을 인정하고 합의로 종결된 사건으로서, 고소인은 그 합의서 불이행으로 고소인이 민사소송을 제기하자 그 소송에 이용하려고 피고소인을 고소한 사건입니다.

(2) 피고소인이 횡령으로 고소인을 고소한 사건에서 고소인이 그 잘못을 인정하고 합의금을 지급함으로써, 명의신탁과 고소인의 횡령문제는 이미 종결된 건입니다.

당시, 고소인이 정당하였다면, 피고소인의 횡령 고소 시 현금 ○○억 원을 내놓고 합의해 달라고 할 필요도 없을 것임에도 그렇게 했던 이상, 본 고소 사건은 그 후 피고소인이 민사소송을 제기하자 그 소송에서 이용하고자 제기한 것뿐입니다.

(3) 피고소인의 정당성은 다음과 같은 점에서도 확인됩니다.

　가. 첫째, 고소인의 이 사건 부동산 취득 시 취·등록세를 피고소인이 납부하였습니다.

　① 무엇보다도, 이 사건 부동산들이 피고소인 ➜ 고소인 에게 이전될 때 취·등록세를 피고소인이 납부했다는 점이 중요한 바, 관련 자료를 증거로 제출합니다.

　② 그 외 등기필증도 애초 피고소인이 보유하고 있었으나, 사해행위취소소송 등이 문제되며 피고소인이 소송에 필요하다며 가져가 피고소인이 보유하고 있었을 뿐입니다.(증 제5호증 취등록세 납부내역서 참조)

　또한 사본이라도, 피고소인이 진정하게 고소인에게 부동산을 매각하였다면, 등기필증은 보유할 이유도 없습니다.(증 제6호증 등기필증 참조)

　나. 둘째, 무엇보다 본 건은 중요 참고인으로서 피고소인 ➜ 고소인 소유권 이전에 관여한 법무사 ○○○, ○○○이 있으며,

이들은 모두 명의신탁사실을 확인해 주고 있습니다.

○ 이와 관련된 ○○○○. ○○. ○○. 하순경 피고소인
과 ○○○과의 대화 녹취록, ○○○의 사실확인서도
종전 횡령 고소사건에서 이미 제출한 바 있는데, 그
내용을 보면 피고소인이 고소인에게 이 사건 부동산
들을 명의신탁했다는 내용이 그대로 확인됩니다.

○ 위 자료들도 본 건에서 다시 증거자료로 제출합니다.
(증제7호증 녹취록 증제8호증 사실확인서 참조)

다. 셋째, 피고소인으로부터 위 부동산을 매입하였다면 금 ○○
억 원에 매매하면서 그 대금을 피고소인에게 지급하면서,
그 지급방법을 직접 자필로 작성하면서 매매대금을 정산할
이유도 없습니다.

즉, 증 제4호증 고소인의 자필정산서 내용을 보면, 고소인
은 매매대금의 지급과 관련하여 언제, 어떻게, 누구에게 지
급하였다는 내용을 상세히 보고하고 있습니다. 이는, 고소
인과 피고소인이 매매대금과 관련하여 계속 연락을 취하며
만나왔고, 그 대금처리를 피고소인의 뜻에 따랐다는 것을
의미하는 바, 이는 그 소유권이 피고소인에게 있다는 것을
전제하지 않고는 합리적으로 설명되지 않습니다.

라. 넷째, 고소인이 피고소인에게 단 1원도 받지 않고 부동산의
소유권을 이전해 줄 이유도 없고, 매매차익을 취하게 해 줄 이
유도 없습니다.

본 건에서 그나마 고소인의 주장을 이해하려면, 사정상 피고

소인이 돈 한푼 받지 않고 고소인에게 급히 부동산을 처분한 것이고, 다만 그 매매대금은 나중에 고소인이 부동산을 처분할 때 받기로 하였다는 측면으로 이해할 수 있을 것입니다.

그러나 이러한 거래방법은 그 매매로 인한 차액을 돈 한 푼 안들인 고소인에게 취하게 하는 경험칙상 납득할 수 없는 거래로, 상식적으로는 생각할 수 없는 거래입니다.

따라서 이런 경험칙으로 고려할 때에도, 고소인은 단지 피고소인의 부탁을 받고 일정한 수고비를 받기로 하고 이 사건 부동산들의 소유권을 이전받아 매각하여 그 대금을 전달해 주는 업무를 담당한 것뿐으로 보는 것이 타당하며, 그러한 업무담당자임에도 돈을 전달하지 않았으므로 횡령이 성립하는 것으로 보는 것이 타당합니다.

11. 역무고죄의 인지 필요성에 대하여

이상과 같이 고소인은 자신의 잘못을 뉘우치기는커녕 적반하장으로 피고소인을 무고죄 등으로 고소를 제기한 것이 너무나 억울하오니 고소인에 대하여 무고혐의에 무게를 두고 이 사건을 마무리 해 주셨으면 합니다.

소명자료 및 첨부서류

1. 증 제1호증　　　　　　　내용증명 및 첨부 고소장
1. 증 제2호증　　　　　　　매매예약증서
1. 증 제3호증　　　　　　　매매계약서(○○억)
1. 증 제4호증　　　　　　　고소인 자필정산서
1. 증 제5호증　　　　　　　취등록세 납부내역서
1. 증 제6호증　　　　　　　등기필증
1. 증 제7호증　　　　　　　녹취록
1. 증 제8호증　　　　　　　사실확인서
1. 증 제9호증　　　　　　　각 부동산등기부등본

○○○○ 년 ○○ 월 ○○ 일

위 피고소인 ○　○　○　　（인）

창원지방검찰청 진주지청 귀중

부 록

경찰 · 검찰 조사 관련 법규

경찰 · 검찰 조사 관련 규정

- 수사 -

◎ **검사의 수사**

검사는 범죄의 혐의 있다고 사료하는 때에는 범인, 범죄사실과 증거를 수사하여야 한다.

◎ **사법경찰관리**

① 수사관, 경무관, 총경, 경정, 경감, 경위는 사법경찰관으로서 모든 수사에 관하여 검사의 지휘를 받는다.

② 사법경찰관은 범죄의 혐의가 있다고 인식하는 때에는 범인, 범죄사실과 증거에 관하여 수사를 개시 · 진행하여야 한다.

③ 사법경찰관리는 검사의 지휘가 있는 때에는 이에 따라야 한다. 검사의 지휘에 관한 구체적 사항은 대통령령으로 정한다.

④ 사법경찰관은 범죄를 수사한 때에는 관계 서류와 증거물을 지체 없이 검사에게 송부하여야 한다.

⑤ 경사, 경장, 순경은 사법경찰리로서 수사의 보조를 하여야 한다.

⑥ 제1항 또는 제5항에 규정한 자 이외에 법률로써 사법경찰관리를 정할 수 있다.

◎ **특별사법경찰관리**

삼림, 해사, 전매, 세무, 군수사기관 기타 특별한 사항에 관하여 사법경찰관리의 직무를 행할 자와 그 직무의 범위는 법률로써 정한다.

◎ **준수사항**

① 피의자에 대한 수사는 불구속 상태에서 함을 원칙으로 한다.

② 검사 · 사법경찰관리와 그 밖에 직무상 수사에 관계있는 자는 피의자 또는 다른 사람의 인권을 존중하고 수사과정에서 취득한 비밀을 엄수하며 수사에 방해되는 일이 없도록 하여야 한다.

③ 검사 · 사법경찰관리와 그 밖에 직무상 수사에 관계있는 자는 수사과정에서 수사와 관련하여 작성하거나 취득한 서류 또는 물건에 대한 목록을 빠짐없이 작성하여야 한다.

◎ **검사의 체포 · 구속장소감찰**

① 지방검찰청 검사장 또는 지청장은 불법체포 · 구속의 유무를 조사하기 위하여 검사로 하여금 매월 1회 이상 관하수사관서의 피의자의 체포 · 구속장소를 감찰하게 하여야 한다. 감찰하는 검사는 체포 또는 구속된 자를 심문하고 관련서류를 조사하여야 한다.

② 검사는 적법한 절차에 의하지 아니하고 체포 또는 구속된 것이라고 의심할 만한

상당한 이유가 있는 경우에는 즉시 체포 또는 구속된 자를 석방하거나 사건을 검찰에 송치할 것을 명하여야 한다.

◎ 수사와 필요한 조사

① 수사에 관하여는 그 목적을 달성하기 위하여 필요한 조사를 할 수 있다. 다만, 강제처분은 이 법률에 특별한 규정이 있는 경우에 한하며, 필요한 최소한도의 범위 안에서만 하여야 한다.

② 수사에 관하여는 공무소 기타 공사단체에 조회하여 필요한 사항의 보고를 요구할 수 있다.

◎ 피의자의 출석요구

검사 또는 사법경찰관은 수사에 필요한 때에는 피의자의 출석을 요구하여 진술을 들을 수 있다.

◎ 영장에 의한 체포

① 피의자가 죄를 범하였다고 의심할 만한 상당한 이유가 있고, 정당한 이유없이 형사소송법 제200조의 규정에 의한 출석요구에 응하지 아니하거나 응하지 아니할 우려가 있는 때에는 검사는 관할 지방법원판사에게 청구하여 체포영장을 발부받아 피의자를 체포할 수 있고, 사법경찰관은 검사에게 신청하여 검사의 청구로 관할지방법원판사의 체포영장을 발부받아 피의자를 체포할 수 있다. 다만, 다액 50만원이하의 벌금, 구류 또는 과료에 해당하는 사건에 관하여는 피의자가 일정한 주거가 없는 경우 또는 정당한 이유없이 형사소송법 제200조의 규정에 의한 출석요구에 응하지 아니한 경우에 한한다.

② 제1항의 청구를 받은 지방법원판사는 상당하다고 인정할 때에는 체포영장을 발부한다. 다만, 명백히 체포의 필요가 인정되지 아니하는 경우에는 그러하지 아니하다.

③ 제1항의 청구를 받은 지방법원판사가 체포영장을 발부하지 아니할 때에는 청구서에 그 취지 및 이유를 기재하고 서명날인하여 청구한 검사에게 교부한다.

④ 검사가 제1항의 청구를 함에 있어서 동일한 범죄사실에 관하여 그 피의자에 대하여 전에 체포영장을 청구하였거나 발부받은 사실이 있는 때에는 다시 체포영장을 청구하는 취지 및 이유를 기재하여야 한다.

⑤ 체포한 피의자를 구속하고자 할 때에는 체포한 때부터 48시간이내에 형사소송법 제201조의 규정에 의하여 구속영장을 청구하여야 하고, 그 기간내에 구속영장을 청구하지 아니하는 때에는 피의자를 즉시 석방하여야 한다.

◎ 긴급체포

① 검사 또는 사법경찰관은 피의자가 사형·무기 또는 장기 3년이상의 징역이나 금고에 해당하는 죄를 범하였다고 의심할 만한 상당한 이유가 있고, 다음 각 호의 어느 하나에 해당하는 사유가 있는 경우에 긴급을 요하여 지방법원판사의 체포영장을

받을 수 없는 때에는 그 사유를 알리고 영장없이 피의자를 체포할 수 있다. 이 경우 긴급을 요한다 함은 피의자를 우연히 발견한 경우등과 같이 체포영장을 받을 시간적 여유가 없는 때를 말한다.

1. 피의자가 증거를 인멸할 염려가 있는 때
2. 피의자가 도망하거나 도망할 우려가 있는 때

② 사법경찰관이 제1항의 규정에 의하여 피의자를 체포한 경우에는 즉시 검사의 승인을 얻어야 한다.

③ 검사 또는 사법경찰관은 제1항의 규정에 의하여 피의자를 체포한 경우에는 즉시 긴급체포서를 작성하여야 한다.

④ 제3항의 규정에 의한 긴급체포서에는 범죄사실의 요지, 긴급체포의 사유등을 기재하여야 한다.

◎ 긴급체포와 영장청구기간

① 검사 또는 사법경찰관이 형사소송법 제200조의3의 규정에 의하여 피의자를 체포한 경우 피의자를 구속하고자 할 때에는 지체 없이 검사는 관할지방법원판사에게 구속영장을 청구하여야 하고, 사법경찰관은 검사에게 신청하여 검사의 청구로 관할지방법원판사에게 구속영장을 청구하여야 한다. 이 경우 구속영장은 피의자를 체포한 때부터 48시간 이내에 청구하여야 하며, 형사소송법 제200조의3제3항에 따른 긴급체포서를 첨부하여야 한다.

② 제1항의 규정에 의하여 구속영장을 청구하지 아니하거나 발부받지 못한 때에는 피의자를 즉시 석방하여야 한다.

③ 제2항의 규정에 의하여 석방된 자는 영장없이는 동일한 범죄사실에 관하여 체포하지 못한다.

④ 검사는 제1항에 따른 구속영장을 청구하지 아니하고 피의자를 석방한 경우에는 석방한 날부터 30일 이내에 서면으로 다음 각 호의 사항을 법원에 통지하여야 한다. 이 경우 긴급체포서의 사본을 첨부하여야 한다.

1. 긴급체포 후 석방된 자의 인적사항
2. 긴급체포의 일시·장소와 긴급체포하게 된 구체적 이유
3. 석방의 일시·장소 및 사유
4. 긴급체포 및 석방한 검사 또는 사법경찰관의 성명

⑤ 긴급체포 후 석방된 자 또는 그 변호인·법정대리인·배우자·직계친족·형제자매는 통지서 및 관련 서류를 열람하거나 등사할 수 있다.

⑥ 사법경찰관은 긴급체포한 피의자에 대하여 구속영장을 신청하지 아니하고 석방한 경우에는 즉시 검사에게 보고하여야 한다.

◎ 체포와 피의사실 등의 고지

검사 또는 사법경찰관은 피의자를 체포하는 경우에는 피의사실의 요지, 체포의 이유와 변호인을 선임할 수 있음을 말하고 변명할 기회를 주어야 한다.

◎ 구속

① 피의자가 죄를 범하였다고 의심할 만한 상당한 이유가 있고 형사소송법 제70조제1 항 각 호의 1에 해당하는 사유가 있을 때에는 검사는 관할지방법원판사에게 청구하여 구속영장을 받아 피의자를 구속할 수 있고 사법경찰관은 검사에게 신청하여 검사의 청구로 관할지방법원판사의 구속영장을 받아 피의자를 구속할 수 있다. 다만, 다액 50만원이하의 벌금, 구류 또는 과료에 해당하는 범죄에 관하여는 피의자가 일정한 주거가 없는 경우에 한한다.

② 구속영장의 청구에는 구속의 필요를 인정할 수 있는 자료를 제출하여야 한다.

③ 제1항의 청구를 받은 지방법원판사는 신속히 구속영장의 발부여부를 결정하여야 한다.

④ 제1항의 청구를 받은 지방법원판사는 상당하다고 인정할 때에는 구속영장을 발부한다. 이를 발부하지 아니할 때에는 청구서에 그 취지 및 이유를 기재하고 서명날인하여 청구한 검사에게 교부한다.

⑤ 검사가 제1항의 청구를 함에 있어서 동일한 범죄사실에 관하여 그 피의자에 대하여 전에 구속영장을 청구하거나 발부받은 사실이 있을 때에는 다시 구속영장을 청구하는 취지 및 이유를 기재하여야 한다.

◎ 구속영장 청구와 피의자 심문

① 형사소송법 제200조의2·제200조의3 또는 제212조에 따라 체포된 피의자에 대하여 구속영장을 청구받은 판사는 지체 없이 피의자를 심문하여야 한다. 이 경우 특별한 사정이 없는 한 구속영장이 청구된 날의 다음날까지 심문하여야 한다.

② 제1항 외의 피의자에 대하여 구속영장을 청구받은 판사는 피의자가 죄를 범하였다고 의심할 만한 이유가 있는 경우에 구인을 위한 구속영장을 발부하여 피의자를 구인한 후 심문하여야 한다. 다만, 피의자가 도망하는 등의 사유로 심문할 수 없는 경우에는 그러하지 아니하다.

③ 판사는 제1항의 경우에는 즉시, 제2항의 경우에는 피의자를 인치한 후 즉시 검사, 피의자 및 변호인에게 심문기일과 장소를 통지하여야 한다. 이 경우 검사는 피의자가 체포되어 있는 때에는 심문기일에 피의자를 출석시켜야 한다.

④ 검사와 변호인은 제3항에 따른 심문기일에 출석하여 의견을 진술할 수 있다.

⑤ 판사는 제1항 또는 제2항에 따라 심문하는 때에는 공범의 분리심문이나 그 밖에 수사상의 비밀보호를 위하여 필요한 조치를 하여야 한다.

⑥ 제1항 또는 제2항에 따라 피의자를 심문하는 경우 법원사무관등은 심문의 요지 등을 조서로 작성하여야 한다.

⑦ 피의자심문을 하는 경우 법원이 구속영장청구서·수사 관계 서류 및 증거물을 접수한 날부터 구속영장을 발부하여 검찰청에 반환한 날까지의 기간은 형사소송법 제202조 및 제203조의 적용에 있어서 그 구속기간에 이를 산입하지 아니한다.

⑧ 심문할 피의자에게 변호인이 없는 때에는 지방법원판사는 직권으로 변호인을 선정하여야 한다. 이 경우 변호인의 선정은 피의자에 대한 구속영장 청구가 기각되어 효력이 소멸한 경우를 제외하고는 제1심까지 효력이 있다.

⑨ 법원은 변호인의 사정이나 그 밖의 사유로 변호인 선정결정이 취소되어 변호인이 없게 된 때에는 직권으로 변호인을 다시 선정할 수 있다.

⑩ 형사소송법 제71조, 제71조의2, 제75조, 제81조부터 제83조까지, 제85조제1항·제3항·제4항, 제86조, 제87조제1항, 제89조부터 제91조까지 및 제200조의5는 제2항에 따라 구인을 하는 경우에 준용하고, 형사소송법 제48조, 제51조, 제53조, 제56조의2 및 제276조의2는 피의자에 대한 심문의 경우에 준용한다.

◎ 사법경찰관의 구속기간

사법경찰관이 피의자를 구속한 때에는 10일 이내에 피의자를 검사에게 인치하지 아니하면 석방하여야 한다.

◎ 검사의 구속기간

검사가 피의자를 구속한 때 또는 사법경찰관으로부터 피의자의 인치를 받은 때에는 10일 이내에 공소를 제기하지 아니하면 석방하여야 한다.

◎ 구속기간에의 산입

피의자가 형사소송법 제200조의2·제200조의3·제201조의2제2항 또는 제212조의 규정에 의하여 체포 또는 구인된 경우에는 형사소송법 제202조 또는 제203조의 구속기간은 피의자를 체포 또는 구인한 날부터 기산한다.

◎ 영장발부와 법원에 대한 통지

체포영장 또는 구속영장의 발부를 받은 후 피의자를 체포 또는 구속하지 아니하거나 체포 또는 구속한 피의자를 석방한 때에는 지체없이 검사는 영장을 발부한 법원에 그 사유를 서면으로 통지하여야 한다.

◎ 구속기간의 연장

① 지방법원판사는 검사의 신청에 의하여 수사를 계속함에 상당한 이유가 있다고 인정한 때에는 10일을 초과하지 아니하는 한도에서 형사소송법 제203조의 구속기간의 연장을 1차에 한하여 허가할 수 있다.

② 전항의 신청에는 구속기간의 연장의 필요를 인정할 수 있는 자료를 제출하여야 한다.

◎ 재구속의 제한

① 검사 또는 사법경찰관에 의하여 구속되었다가 석방된 자는 다른 중요한 증거를 발견한 경우를 제외하고는 동일한 범죄사실에 관하여 재차 구속하지 못한다.

② 전항의 경우에는 1개의 목적을 위하여 동시 또는 수단결과의 관계에서 행하여진 행위는 동일한 범죄사실로 간주한다.

◎ 사법경찰관리의 관할구역 외의 수사

사법경찰관리가 관할구역 외에서 수사하거나 관할구역 외의 사법경찰관리의 촉탁을 받어 수사할 때에는 관할지방검찰청 검사장 또는 지청장에게 보고하여야 한다. 다만, 형사소송법 제200조의3, 제212조, 제214조, 제216조와 제217조의 규정에 의한 수사를 하는 경우에 긴급을 요할 때에는 사후에 보고할 수 있다.

◎ 현행범인과 준현행범인

① 범죄의 실행 중이거나 실행의 즉후인 자를 현행범인이라 한다.

② 다음 각 호의 1에 해당하는 자는 현행범인으로 간주한다.

1. 범인으로 호창되어 추적되고 있는 때
2. 장물이나 범죄에 사용되었다고 인정함에 충분한 흉기 기타의 물건을 소지하고 있는 때
3. 신체 또는 의복류에 현저한 증적이 있는 때
4. 누구임을 물음에 대하여 도망하려 하는 때

◎ 현행범인의 체포

현행범인은 누구든지 영장없이 체포할 수 있다.

◎ 체포된 현행범인의 인도

① 검사 또는 사법경찰관리 아닌 자가 현행범인을 체포한 때에는 즉시 검사 또는 사법경찰관리에게 인도하여야 한다.

② 사법경찰관리가 현행범인의 인도를 받은 때에는 체포자의 성명, 주거, 체포의 사유를 물어야 하고 필요한 때에는 체포자에 대하여 경찰관서에 동행함을 요구할 수 있다.

◎ 경미사건과 현행범인의 체포

다액 50만원이하의 벌금, 구류 또는 과료에 해당하는 죄의 현행범인에 대하여는 범인의 주거가 분명하지 아니한 때에 한하여 형사소송법 제212조 내지 제213조의 규정을 적용한다.

◎ 체포와 구속의 적부심사

① 체포 또는 구속된 피의자 또는 그 변호인, 법정대리인, 배우자, 직계친족, 형제자매나 가족, 동거인 또는 고용주는 관할법원에 체포 또는 구속의 적부심사를 청구할 수 있다.

② 피의자를 체포 또는 구속한 검사 또는 사법경찰관은 체포 또는 구속된 피의자와 제1항에 규정된 자 중에서 피의자가 지정하는 자에게 제1항에 따른 적부심사를 청구할 수 있음을 알려야 한다.

③ 법원은 제1항에 따른 청구가 다음 각 호의 어느 하나에 해당하는 때에는 제4항에 따른 심문 없이 결정으로 청구를 기각할 수 있다.
 1. 청구권자 아닌 자가 청구하거나 동일한 체포영장 또는 구속영장의 발부에 대하여 재청구한 때
 2. 공범 또는 공동피의자의 순차청구가 수사방해의 목적임이 명백한 때

④ 제1항의 청구를 받은 법원은 청구서가 접수된 때부터 48시간 이내에 체포 또는 구속된 피의자를 심문하고 수사관계서류와 증거물을 조사하여 그 청구가 이유없다고 인정한 때에는 결정으로 이를 기각하고, 이유있다고 인정한 때에는 결정으로 체포 또는 구속된 피의자의 석방을 명하여야 한다. 심사청구후 피의자에 대하여 공소제기가 있는 경우에도 또한 같다.

⑤ 법원은 구속된 피의자(심사청구후 공소제기된 자를 포함한다)에 대하여 피의자의 출석을 보증할 만한 보증금의 납입을 조건으로 하여 결정으로 제4항의 석방을 명할 수 있다. 다만, 다음 각 호에 해당하는 경우에는 그러하지 아니하다.
 1. 죄증을 인멸할 염려가 있다고 믿을만한 충분한 이유가 있는 때
 2. 피해자, 당해 사건의 재판에 필요한 사실을 알고 있다고 인정되는 자 또는 그 친족의 생명·신체나 재산에 해를 가하거나 가할 염려가 있다고 믿을만한 충분한 이유가 있는 때

⑥ 제5항의 석방결정을 하는 경우에 주거의 제한, 법원 또는 검사가 지정하는 일시·장소에 출석할 의무 기타 적당한 조건을 부가할 수 있다.

⑦ 형사소송법 제99조 및 100조는 제5항에 따라 보증금의 납입을 조건으로 하는 석방을 하는 경우에 준용한다.

⑧ 제3항과 제4항의 결정에 대하여는 항고하지 못한다.

⑨ 검사·변호인·청구인은 제4항의 심문기일에 출석하여 의견을 진술할 수 있다.

⑩ 체포 또는 구속된 피의자에게 변호인이 없는 때에는 형사소송법 제33조의 규정을 준용한다.

⑪ 법원은 제4항의 심문을 하는 경우 공범의 분리심문이나 그 밖에 수사상의 비밀보호를 위한 적절한 조치를 취하여야 한다.

⑫ 체포영장 또는 구속영장을 발부한 법관은 제4항부터 제6항까지의 심문·조사·결정에 관여하지 못한다. 다만, 체포영장 또는 구속영장을 발부한 법관외에는 심문·조사·결정을 할 판사가 없는 경우에는 그러하지 아니하다.

⑬ 법원이 수사 관계 서류와 증거물을 접수한 때부터 결정 후 검찰청에 반환된 때까지의 기간은 형사소송법 제200조의2제5항(제213조의2에 따라 준용되는 경우를 포함한다) 및 제200조의4제1항의 적용에 있어서는 그 제한기간에 산입하지 아니하고, 형사소송법 제202조·제203조 및 제205조의 적용에 있어서는 그 구속기간에 산입하지 아니한다.

⑭ 형사소송법 제201조의2제6항은 제4항에 따라 피의자를 심문하는 경우에 준용한다.

◎ **재체포 및 재구속의 제한**
① 형사소송법 제214조의2제4항의 규정에 의한 체포 또는 구속적부심사결정에 의하여 석방된 피의자가 도망하거나 죄증을 인멸하는 경우를 제외하고는 동일한 범죄사실에 관하여 재차 체포 또는 구속하지 못한다.
② 형사소송법 제214조의2제5항에 따라 석방된 피의자에 대하여 다음 각 호의 1에 해당하는 사유가 있는 경우를 제외하고는 동일한 범죄사실에 관하여 재차 체포 또는 구속하지 못한다.
  1. 도망한 때
  2. 도망하거나 죄증을 인멸할 염려가 있다고 믿을만한 충분한 이유가 있는 때
  3. 출석요구를 받고 정당한 이유없이 출석하지 아니한 때
  4. 주거의 제한 기타 법원이 정한 조건을 위반한 때

◎ **보증금의 몰수**
① 법원은 다음 각 호의 1의 경우에 직권 또는 검사의 청구에 의하여 결정으로 형사소송법 제214조의2제5항에 따라 납입된 보증금의 전부 또는 일부를 몰수할 수 있다.
  1. 형사소송법 제214조의2제5항에 따라 석방된 자를 형사소송법 제214조의3제2항에 열거된 사유로 재차 구속할 때
  2. 공소가 제기된 후 법원이 형사소송법 제214조의2제5항에 따라 석방된 자를 동일한 범죄사실에 관하여 재차 구속할 때
② 법원은 형사소송법 제214조의2제5항에 따라 석방된 자가 동일한 범죄사실에 관하여 형의 선고를 받고 그 판결이 확정된 후, 집행하기 위한 소환을 받고 정당한 이유없이 출석하지 아니하거나 도망한 때에는 직권 또는 검사의 청구에 의하여 결정으로 보증금의 전부 또는 일부를 몰수하여야 한다.

◎ **압수, 수색, 검증**
① 검사는 범죄수사에 필요한 때에는 피의자가 죄를 범하였다고 의심할 만한 정황이 있고 해당 사건과 관계가 있다고 인정할 수 있는 것에 한정하여 지방법원판사에게 청구하여 발부받은 영장에 의하여 압수, 수색 또는 검증을 할 수 있다.
② 사법경찰관이 범죄수사에 필요한 때에는 피의자가 죄를 범하였다고 의심할 만한 정황이 있고 해당 사건과 관계가 있다고 인정할 수 있는 것에 한정하여 검사에게 신청하여 검사의 청구로 지방법원판사가 발부한 영장에 의하여 압수, 수색 또는 검증을 할 수 있다.

◎ **영장에 의하지 아니한 강제처분**
① 검사 또는 사법경찰관은 형사소송법 제200조의2ㆍ제200조의3ㆍ제201조 또는 제212조의 규정에 의하여 피의자를 체포 또는 구속하는 경우에 필요한 때에는 영장없이 다음 처분을 할 수 있다.

1. 타인의 주거나 타인이 간수하는 가옥, 건조물, 항공기, 선차 내에서의 피의자 수사
2. 체포현장에서의 압수, 수색, 검증
② 전항 제2호의 규정은 검사 또는 사법경찰관이 피고인에 대한 구속영장의 집행의 경우에 준용한다.
③ 범행 중 또는 범행직후의 범죄 장소에서 긴급을 요하여 법원판사의 영장을 받을 수 없는 때에는 영장없이 압수, 수색 또는 검증을 할 수 있다. 이 경우에는 사후에 지체없이 영장을 받아야 한다.

◎ **영장에 의하지 아니하는 강제처분**
① 검사 또는 사법경찰관은 형사소송법 제200조의3에 따라 체포된 자가 소유·소지 또는 보관하는 물건에 대하여 긴급히 압수할 필요가 있는 경우에는 체포한 때부터 24시간 이내에 한하여 영장 없이 압수·수색 또는 검증을 할 수 있다.
② 검사 또는 사법경찰관은 제1항 또는 형사소송법 제216조제1항제2호에 따라 압수한 물건을 계속 압수할 필요가 있는 경우에는 지체 없이 압수수색영장을 청구하여야 한다. 이 경우 압수수색영장의 청구는 체포한 때부터 48시간 이내에 하여야 한다.
③ 검사 또는 사법경찰관은 제2항에 따라 청구한 압수수색영장을 발부받지 못한 때에는 압수한 물건을 즉시 반환하여야 한다.

◎ **영장에 의하지 아니한 압수**
검사, 사법경찰관은 피의자 기타인의 유류한 물건이나 소유자, 소지자 또는 보관자가 임의로 제출한 물건을 영장없이 압수할 수 있다.

◎ **압수물의 환부, 가환부**
① 검사는 사본을 확보한 경우 등 압수를 계속할 필요가 없다고 인정되는 압수물 및 증거에 사용할 압수물에 대하여 공소제기 전이라도 소유자, 소지자, 보관자 또는 제출인의 청구가 있는 때에는 환부 또는 가환부하여야 한다.
② 제1항의 청구에 대하여 검사가 이를 거부하는 경우에는 신청인은 해당 검사의 소속 검찰청에 대응한 법원에 압수물의 환부 또는 가환부 결정을 청구할 수 있다.
③ 제2항의 청구에 대하여 법원이 환부 또는 가환부를 결정하면 검사는 신청인에게 압수물을 환부 또는 가환부하여야 한다.
④ 사법경찰관의 환부 또는 가환부 처분에 관하여는 제1항부터 제3항까지의 규정을 준용한다. 이 경우 사법경찰관은 검사의 지휘를 받아야 한다.

◎ **요급처분**
형사소송법 제216조의 규정에 의한 처분을 하는 경우에 급속을 요하는 때에는 형사소송법 제123조제2항, 제125조의 규정에 의함을 요하지 아니한다.

◎ **제3자의 출석요구 등**

① 검사 또는 사법경찰관은 수사에 필요한 때에는 피의자가 아닌 자의 출석을 요구하여 진술을 들을 수 있다. 이 경우 그의 동의를 받아 영상녹화할 수 있다.

② 검사 또는 사법경찰관은 수사에 필요한 때에는 감정·통역 또는 번역을 위촉할 수 있다.

③ 형사소송법 제163조의2제1항부터 제3항까지는 검사 또는 사법경찰관이 범죄로 인한 피해자를 조사하는 경우에 준용한다.

◎ **증인신문의 청구**

① 범죄의 수사에 없어서는 아니될 사실을 안다고 명백히 인정되는 자가 전조의 규정에 의한 출석 또는 진술을 거부한 경우에는 검사는 제1회 공판기일 전에 한하여 판사에게 그에 대한 증인신문을 청구할 수 있다.

② 삭제

③ 제1항의 청구를 함에는 서면으로 그 사유를 소명하여야 한다.

④ 제1항의 청구를 받은 판사는 증인신문에 관하여 법원 또는 재판장과 동일한 권한이 있다.

⑤ 판사는 제1항의 청구에 따라 증인신문기일을 정한 때에는 피고인·피의자 또는 변호인에게 이를 통지하여 증인신문에 참여할 수 있도록 하여야 한다.

⑥ 판사는 제1항의 청구에 의한 증인신문을 한 때에는 지체없이 이에 관한 서류를 검사에게 송부하여야 한다.

◎ **감정의 위촉과 감정유치의 청구**

① 검사는 형사소송법 제221조의 규정에 의하여 감정을 위촉하는 경우에 형사소송법 제172조제3항의 유치처분이 필요할 때에는 판사에게 이를 청구하여야 한다.

② 판사는 제1항의 청구가 상당하다고 인정할 때에는 유치처분을 하여야 한다. 형사소송법 제172조 및 제172조의2의 규정은 이 경우에 준용한다.

◎ **감정에 필요한 처분, 허가장**

① 형사소송법 제221조의 규정에 의하여 감정의 위촉을 받은 자는 판사의 허가를 얻어 제173조제1항에 규정된 처분을 할 수 있다.

② 제1항의 허가의 청구는 검사가 하여야 한다.

③ 판사는 제2항의 청구가 상당하다고 인정할 때에는 허가장을 발부하여야 한다.

④ 형사소송법 제173조제2항, 제3항 및 제5항의 규정은 제3항의 허가장에 준용한다.

◎ **변사자의 검시**

① 변사자 또는 변사의 의심있는 사체가 있는 때에는 그 소재지를 관할하는 지방검찰청 검사가 검시하여야 한다.

② 전항의 검시로 범죄의 혐의를 인정하고 긴급을 요할 때에는 영장없이 검증할 수 있다.

③ 검사는 사법경찰관에게 전2항의 처분을 명할 수 있다.

◎ **고소권자**

범죄로 인한 피해자는 고소할 수 있다.

◎ **고소의 제한**

자기 또는 배우자의 직계존속을 고소하지 못한다.

◎ **비피해자인 고소권자**

① 피해자의 법정대리인은 독립하여 고소할 수 있다.

② 피해자가 사망한 때에는 그 배우자, 직계친족 또는 형제자매는 고소할 수 있다. 단, 피해자의 명시한 의사에 반하지 못한다.

◎ **동전**

피해자의 법정대리인이 피의자이거나 법정대리인의 친족이 피의자인 때에는 피해자의 친족은 독립하여 고소할 수 있다.

◎ **동전**

사자의 명예를 훼손한 범죄에 대하여는 그 친족 또는 자손은 고소할 수 있다.

◎ **고소권자의 지정**

친고죄에 대하여 고소할 자가 없는 경우에 이해관계인의 신청이 있으면 검사는 10일 이내에 고소할 수 있는 자를 지정하여야 한다.

◎ **배우자의 고소**

① 「형법」 제241조의 경우에는 혼인이 해소되거나 이혼소송을 제기한 후가 아니면 고소할 수 없다.

② 전항의 경우에 다시 혼인을 하거나 이혼소송을 취하한 때에는 고소는 취소된 것으로 간주한다.

◎ **고소기간**

① 친고죄에 대하여는 범인을 알게 된 날로부터 6월을 경과하면 고소하지 못한다. 단, 고소할 수 없는 불가항력의 사유가 있는 때에는 그 사유가 없어진 날로부터 기산한다.

② 삭제

◎ **수인의 고소권자**

고소할 수 있는 자가 수인인 경우에는 1인의 기간의 해태는 타인의 고소에 영향이 없다.

◎ **고소의 취소**

① 고소는 제1심 판결선고 전까지 취소할 수 있다.

② 고소를 취소한 자는 다시 고소하지 못한다.

③ 피해자의 명시한 의사에 반하여 죄를 논할 수 없는 사건에 있어서 처벌을 희망하는 의사표시의 철회에 관하여도 전2항의 규정을 준용한다.

◎ **고소의 불가분**

친고죄의 공범 중 그 1인 또는 수인에 대한 고소 또는 그 취소는 다른 공범자에 대하여도 효력이 있다.

◎ **고발**

① 누구든지 범죄가 있다고 사료하는 때에는 고발할 수 있다.
② 공무원은 그 직무를 행함에 있어 범죄가 있다고 사료하는 때에는 고발하여야 한다.

◎ **고발의 제한**

형사소송법 제224조의 규정은 고발에 준용한다.

◎ **대리고소**

고소 또는 그 취소는 대리인으로 하여금하게 할 수 있다.

◎ **고소, 고발의 방식**

① 고소 또는 고발은 서면 또는 구술로써 검사 또는 사법경찰관에게 하여야 한다.
② 검사 또는 사법경찰관이 구술에 의한 고소 또는 고발을 받은 때에는 조서를 작성하여야 한다.

◎ **고소, 고발과 사법경찰관의 조치**

사법경찰관이 고소 또는 고발을 받은 때에는 신속히 조사하여 관계서류와 증거물을 검사에게 송부하여야 한다.

◎ **피의자신문**

검사 또는 사법경찰관이 피의자를 신문함에는 먼저 그 성명, 연령, 등록기준지, 주거와 직업을 물어 피의자임에 틀림없음을 확인하여야 한다.

◎ **피의자신문사항**

검사 또는 사법경찰관은 피의자에 대하여 범죄사실과 정상에 관한 필요사항을 신문하여야 하며 그 이익되는 사실을 진술할 기회를 주어야 한다.

◎ **피의자신문과 참여자**

검사가 피의자를 신문함에는 검찰청수사관 또는 서기관이나 서기를 참여하게 하여야 하고 사법경찰관이 피의자를 신문함에는 사법경찰관리를 참여하게 하여야 한다.

◎ 변호인의 참여 등

① 검사 또는 사법경찰관은 피의자 또는 그 변호인·법정대리인·배우자·직계친족·형제자매의 신청에 따라 변호인을 피의자와 접견하게 하거나 정당한 사유가 없는 한 피의자에 대한 신문에 참여하게 하여야 한다.

② 신문에 참여하고자 하는 변호인이 2인 이상인 때에는 피의자가 신문에 참여할 변호인 1인을 지정한다. 지정이 없는 경우에는 검사 또는 사법경찰관이 이를 지정할 수 있다.

③ 신문에 참여한 변호인은 신문 후 의견을 진술할 수 있다. 다만, 신문 중이라도 부당한 신문방법에 대하여 이의를 제기할 수 있고, 검사 또는 사법경찰관의 승인을 얻어 의견을 진술할 수 있다.

④ 제3항에 따른 변호인의 의견이 기재된 피의자신문조서는 변호인에게 열람하게 한 후 변호인으로 하여금 그 조서에 기명날인 또는 서명하게 하여야 한다.

⑤ 검사 또는 사법경찰관은 변호인의 신문참여 및 그 제한에 관한 사항을 피의자신문조서에 기재하여야 한다.

◎ 피의자신문조서의 작성

① 피의자의 진술은 조서에 기재하여야 한다.

② 제1항의 조서는 피의자에게 열람하게 하거나 읽어 들려주어야 하며, 진술한 대로 기재되지 아니하였거나 사실과 다른 부분의 유무를 물어 피의자가 증감 또는 변경의 청구 등 이의를 제기하거나 의견을 진술한 때에는 이를 조서에 추가로 기재하여야 한다. 이 경우 피의자가 이의를 제기하였던 부분은 읽을 수 있도록 남겨두어야 한다.

③ 피의자가 조서에 대하여 이의나 의견이 없음을 진술한 때에는 피의자로 하여금 그 취지를 자필로 기재하게 하고 조서에 간인한 후 기명날인 또는 서명하게 한다.

◎ 피의자진술의 영상녹화

① 피의자의 진술은 영상녹화할 수 있다. 이 경우 미리 영상녹화사실을 알려주어야 하며, 조사의 개시부터 종료까지의 전 과정 및 객관적 정황을 영상녹화하여야 한다.

② 제1항에 따른 영상녹화가 완료된 때에는 피의자 또는 변호인 앞에서 지체 없이 그 원본을 봉인하고 피의자로 하여금 기명날인 또는 서명하게 하여야 한다.

③ 제2항의 경우에 피의자 또는 변호인의 요구가 있는 때에는 영상녹화물을 재생하여 시청하게 하여야 한다. 이 경우 그 내용에 대하여 이의를 진술하는 때에는 그 취지를 기재한 서면을 첨부하여야 한다.

◎ 진술거부권 등의 고지

① 검사 또는 사법경찰관은 피의자를 신문하기 전에 다음 각 호의 사항을 알려주어야 한다.

  1. 일체의 진술을 하지 아니하거나 개개의 질문에 대하여 진술을 하지 아니할 수 있다는 것

2. 진술을 하지 아니하더라도 불이익을 받지 아니한다는 것
3. 진술을 거부할 권리를 포기하고 행한 진술은 법정에서 유죄의 증거로 사용될 수 있다는 것
4. 신문을 받을 때에는 변호인을 참여하게 하는 등 변호인의 조력을 받을 수 있다는 것
② 검사 또는 사법경찰관은 제1항에 따라 알려 준 때에는 피의자가 진술을 거부할 권리와 변호인의 조력을 받을 권리를 행사할 것인지의 여부를 질문하고, 이에 대한 피의자의 답변을 조서에 기재하여야 한다. 이 경우 피의자의 답변은 피의자로 하여금 자필로 기재하게 하거나 검사 또는 사법경찰관이 피의자의 답변을 기재한 부분에 기명날인 또는 서명하게 하여야 한다.

◎ 수사과정의 기록

① 검사 또는 사법경찰관은 피의자가 조사장소에 도착한 시각, 조사를 시작하고 마친 시각, 그 밖에 조사과정의 진행경과를 확인하기 위하여 필요한 사항을 피의자신문조서에 기록하거나 별도의 서면에 기록한 후 수사기록에 편철하여야 한다.
② 형사소송법 제244조제2항 및 제3항은 제1항의 조서 또는 서면에 관하여 준용한다.
③ 제1항 및 제2항은 피의자가 아닌 자를 조사하는 경우에 준용한다.

◎ 장애인 등 특별히 보호를 요하는 자에 대한 특칙

검사 또는 사법경찰관은 피의자를 신문하는 경우 다음 각 호의 어느 하나에 해당하는 때에는 직권 또는 피의자 · 법정대리인의 신청에 따라 피의자와 신뢰관계에 있는 자를 동석하게 할 수 있다.
1. 피의자가 신체적 또는 정신적 장애로 사물을 변별하거나 의사를 결정 · 전달할 능력이 미약한 때
2. 피의자의 연령 · 성별 · 국적 등의 사정을 고려하여 그 심리적 안정의 도모와 원활한 의사소통을 위하여 필요한 경우

◎ 참고인과의 대질

검사 또는 사법경찰관이 사실을 발견함에 필요한 때에는 피의자와 다른 피의자 또는 피의자 아닌 자와 대질하게 할 수 있다.

◎ 전문수사자문위원의 참여

① 검사는 공소제기 여부와 관련된 사실관계를 분명하게 하기 위하여 필요한 경우에는 직권이나 피의자 또는 변호인의 신청에 의하여 전문수사자문위원을 지정하여 수사절차에 참여하게 하고 자문을 들을 수 있다.
② 전문수사자문위원은 전문적인 지식에 의한 설명 또는 의견을 기재한 서면을 제출하거나 전문적인 지식에 의하여 설명이나 의견을 진술할 수 있다.
③ 검사는 제2항에 따라 전문수사자문위원이 제출한 서면이나 전문수사자문위원의 설명 또는 의견의 진술에 관하여 피의자 또는 변호인에게 구술 또는 서면에 의한 의

견진술의 기회를 주어야 한다.

◎ 전문수사자문위원 지정 등
① 형사소송법 제245조의2제1항에 따라 전문수사자문위원을 수사절차에 참여시키는 경우 검사는 각 사건마다 1인 이상의 전문수사자문위원을 지정한다.
② 검사는 상당하다고 인정하는 때에는 전문수사자문위원의 지정을 취소할 수 있다.
③ 피의자 또는 변호인은 검사의 전문수사자문위원 지정에 대하여 관할 고등검찰청검사장에게 이의를 제기할 수 있다.
④ 전문수사자문위원에게는 수당을 지급하고, 필요한 경우에는 그 밖의 여비, 일당 및 숙박료를 지급할 수 있다.
⑤ 전문수사자문위원의 지정 및 지정취소, 이의제기 절차 및 방법, 수당지급, 그 밖에 필요한 사항은 법무부령으로 정한다.

- 공소 -

◎ 국가소추주의
공소는 검사가 제기하여 수행한다.

◎ 기소편의주의
검사는 「형법」 제51조의 사항을 참작하여 공소를 제기하지 아니할 수 있다.

◎ 공소효력의 범위
① 공소는 검사가 피고인으로 지정한 사람 외의 다른 사람에게는 그 효력이 미치지 아니한다.
② 범죄사실의 일부에 대한 공소는 그 효력이 전부에 미친다.

◎ 공소시효의 기간
① 공소시효는 다음 기간의 경과로 완성한다.
　1. 사형에 해당하는 범죄에는 25년
　2. 무기징역 또는 무기금고에 해당하는 범죄에는 15년
　3. 장기 10년 이상의 징역 또는 금고에 해당하는 범죄에는 10년
　4. 장기 10년 미만의 징역 또는 금고에 해당하는 범죄에는 7년
　5. 장기 5년 미만의 징역 또는 금고, 장기10년 이상의 자격정지 또는 벌금에 해당하는 범죄에는 5년
　6. 장기 5년 이상의 자격정지에 해당하는 범죄에는 3년
　7. 장기 5년 미만의 자격정지, 구류, 과료 또는 몰수에 해당하는 범죄에는 1년
② 공소가 제기된 범죄는 판결의 확정이 없이 공소를 제기한 때로부터 25년을 경과하

면 공소시효가 완성한 것으로 간주한다.

◎ 2개 이상의 형과 시효기간
2개 이상의 형을 병과하거나 2개 이상의 형에서 그 1개를 과할 범죄에는 중한 형에 의하여 전조의 규정을 적용한다.

◎ 형의 가중, 감경과 시효기간
「형법」에 의하여 형을 가중 또는 감경한 경우에는 가중 또는 감경하지 아니한 형에 의하여 형사소송법 제249조의 규정을 적용한다.

◎ 시효의 기산점
① 시효는 범죄행위의 종료한 때로부터 진행한다.
② 공범에는 최종행위의 종료한 때로부터 전공범에 대한 시효기간을 기산한다.

◎ 시효의 정지와 효력
① 시효는 공소의 제기로 진행이 정지되고 공소기각 또는 관할위반의 재판이 확정된 때로부터 진행한다.
② 공범의 1인에 대한 전항의 시효정지는 다른 공범자에게 대하여 효력이 미치고 당해 사건의 재판이 확정된 때로부터 진행한다.
③ 범인이 형사처분을 면할 목적으로 국외에 있는 경우 그 기간 동안 공소시효는 정지된다.

◎ 공소시효의 적용 배제
사람을 살해한 범죄(종범은 제외한다)로 사형에 해당하는 범죄에 대하여는 형사소송법 제249조부터 제253조까지에 규정된 공소시효를 적용하지 아니한다.

◎ 공소제기의 방식과 공소장
① 공소를 제기함에는 공소장을 관할법원에 제출하여야 한다.
② 공소장에는 피고인수에 상응한 부본을 첨부하여야 한다.
③ 공소장에는 다음 사항을 기재하여야 한다.
 1. 피고인의 성명 기타 피고인을 특정할 수 있는 사항
 2. 죄명
 3. 공소사실
 4. 적용법조
④ 공소사실의 기재는 범죄의 시일, 장소와 방법을 명시하여 사실을 특정할 수 있도록 하여야 한다.
⑤ 수개의 범죄사실과 적용법조를 예비적 또는 택일적으로 기재할 수 있다.

◎ **공소의 취소**

① 공소는 제1심판결의 선고 전까지 취소할 수 있다.

② 공소취소는 이유를 기재한 서면으로 하여야 한다. 단, 공판정에서는 구술로써 할 수 있다.

◎ **타관송치**

검사는 사건이 그 소속검찰청에 대응한 법원의 관할에 속하지 아니한 때에는 사건을 서류와 증거물과 함께 관할법원에 대응한 검찰청검사에게 송치하여야 한다.

◎ **군검사에의 사건송치**

검사는 사건이 군사법원의 재판권에 속하는 때에는 사건을 서류와 증거물과 함께 재판권을 가진 관할 군검찰부 군검사에게 송치하여야 한다. 이 경우에 송치전에 행한 소송행위는 송치후에도 그 효력에 영향이 없다.

◎ **고소등에 의한 사건의 처리**

검사가 고소 또는 고발에 의하여 범죄를 수사할 때에는 고소 또는 고발을 수리한 날로부터 3월 이내에 수사를 완료하여 공소제기여부를 결정하여야 한다.

◎ **고소인등에의 처분고지**

① 검사는 고소 또는 고발있는 사건에 관하여 공소를 제기하거나 제기하지 아니하는 처분, 공소의 취소 또는 형사소송법 제256조의 송치를 한 때에는 그 처분한 날로부터 7일 이내에 서면으로 고소인 또는 고발인에게 그 취지를 통지하여야 한다.

② 검사는 불기소 또는 형사소송법 제256조의 처분을 한 때에는 피의자에게 즉시 그 취지를 통지하여야 한다.

◎ **고소인등에의 공소불제기이유고지**

검사는 고소 또는 고발있는 사건에 관하여 공소를 제기하지 아니하는 처분을 한 경우에 고소인 또는 고발인의 청구가 있는 때에는 7일 이내에 고소인 또는 고발인에게 그 이유를 서면으로 설명하여야 한다.

◎ **피해자 등에 대한 통지**

검사는 범죄로 인한 피해자 또는 그 법정대리인(피해자가 사망한 경우에는 그 배우자·직계친족·형제자매를 포함한다)의 신청이 있는 때에는 당해 사건의 공소제기여부, 공판의 일시·장소, 재판결과, 피의자·피고인의 구속·석방 등 구금에 관한 사실 등을 신속하게 통지하여야 한다.

◎ **재정신청)**

① 고소권자로서 고소를 한 자(「형법」 제123조부터 제126조까지의 죄에 대하여는 고발을 한 자를 포함한다. 이하 이 조에서 같다)는 검사로부터 공소를 제기하지 아니

한다는 통지를 받은 때에는 그 검사 소속의 지방검찰청 소재지를 관할하는 고등법원(이하 "관할 고등법원"이라 한다)에 그 당부에 관한 재정을 신청할 수 있다. 다만, 「형법」 제126조의 죄에 대하여는 피공표자의 명시한 의사에 반하여 재정을 신청할 수 없다.

② 제1항에 따른 재정신청을 하려면 「검찰청법」 제10조에 따른 항고를 거쳐야 한다. 다만, 다음 각 호의 어느 하나에 해당하는 경우에는 그러하지 아니하다.
 1. 항고 이후 재기수사가 이루어진 다음에 다시 공소를 제기하지 아니한다는 통지를 받은 경우
 2. 항고 신청 후 항고에 대한 처분이 행하여지지 아니하고 3개월이 경과한 경우
 3. 검사가 공소시효 만료일 30일 전까지 공소를 제기하지 아니하는 경우

③ 제1항에 따른 재정신청을 하려는 자는 항고기각 결정을 통지받은 날 또는 제2항 각 호의 사유가 발생한 날부터 10일 이내에 지방검찰청검사장 또는 지청장에게 재정신청서를 제출하여야 한다. 다만, 제2항제3호의 경우에는 공소시효 만료일 전날까지 재정신청서를 제출할 수 있다.

④ 재정신청서에는 재정신청의 대상이 되는 사건의 범죄사실 및 증거 등 재정신청을 이유있게 하는 사유를 기재하여야 한다.

◎ **지방검찰청검사장 등의 처리**

형사소송법 제260조제3항에 따라 재정신청서를 제출받은 지방검찰청검사장 또는 지청장은 재정신청서를 제출받은 날부터 7일 이내에 재정신청서·의견서·수사 관계 서류 및 증거물을 관할 고등검찰청을 경유하여 관할 고등법원에 송부하여야 한다. 다만, 형사소송법 제260조제2항 각 호의 어느 하나에 해당하는 경우에는 지방검찰청검사장 또는 지청장은 다음의 구분에 따른다.
 1. 신청이 이유 있는 것으로 인정하는 때에는 즉시 공소를 제기하고 그 취지를 관할 고등법원과 재정신청인에게 통지한다.
 2. 신청이 이유 없는 것으로 인정하는 때에는 30일 이내에 관할 고등법원에 송부한다.

◎ **심리와 결정**

① 법원은 재정신청서를 송부받은 때에는 송부받은 날부터 10일 이내에 피의자에게 그 사실을 통지하여야 한다.
② 법원은 재정신청서를 송부받은 날부터 3개월 이내에 항고의 절차에 준하여 다음 각 호의 구분에 따라 결정한다. 이 경우 필요한 때에는 증거를 조사할 수 있다.
 1. 신청이 법률상의 방식에 위배되거나 이유 없는 때에는 신청을 기각한다.
 2. 신청이 이유 있는 때에는 사건에 대한 공소제기를 결정한다.
③ 재정신청사건의 심리는 특별한 사정이 없는 한 공개하지 아니한다.
④ 제2항제1호의 결정에 대하여는 형사소송법 제415조에 따른 즉시항고를 할 수 있고, 제2항제2호의 결정에 대하여는 불복할 수 없다. 제2항제1호의 결정이 확정된

사건에 대하여는 다른 중요한 증거를 발견한 경우를 제외하고는 소추할 수 없다.

⑤ 법원은 제2항의 결정을 한 때에는 즉시 그 정본을 재정신청인·피의자와 관할 지방검찰청검사장 또는 지청장에게 송부하여야 한다. 이 경우 제2항제2호의 결정을 한 때에는 관할 지방검찰청검사장 또는 지청장에게 사건기록을 함께 송부하여야 한다.

⑥ 제2항제2호의 결정에 따른 재정결정서를 송부받은 관할 지방검찰청 검사장 또는 지청장은 지체 없이 담당 검사를 지정하고 지정받은 검사는 공소를 제기하여야 한다.

◎ 재정신청사건 기록의 열람·등사 제한

재정신청사건의 심리 중에는 관련 서류 및 증거물을 열람 또는 등사할 수 없다. 다만, 법원은 제262조제2항 후단의 증거조사과정에서 작성된 서류의 전부 또는 일부의 열람 또는 등사를 허가할 수 있다.

◎ 비용부담 등

① 법원은 형사소송법 제262조제2항제1호의 결정 또는 제264조제2항의 취소가 있는 경우에는 결정으로 재정신청인에게 신청절차에 의하여 생긴 비용의 전부 또는 일부를 부담하게 할 수 있다.

② 법원은 직권 또는 피의자의 신청에 따라 재정신청인에게 피의자가 재정신청절차에서 부담하였거나 부담할 변호인선임료 등 비용의 전부 또는 일부의 지급을 명할 수 있다.

③ 제1항 및 제2항의 결정에 대하여는 즉시항고를 할 수 있다.

④ 제1항 및 제2항에 따른 비용의 지급범위와 절차 등에 대하여는 대법원규칙으로 정한다.

◎ 공소시효의 정지 등

① 형사소송법 제260조에 따른 재정신청이 있으면 제262조에 따른 재정결정이 확정될 때까지 공소시효의 진행이 정지된다.

② 형사소송법 제262조제2항제2호의 결정이 있는 때에는 공소시효에 관하여 그 결정이 있는 날에 공소가 제기된 것으로 본다.

◎ 대리인에 의한 신청과 1인의 신청의 효력, 취소

① 재정신청은 대리인에 의하여 할 수 있으며 공동신청권자 중 1인의 신청은 그 전원을 위하여 효력을 발생한다.

② 재정신청은 형사소송법 제262조제2항의 결정이 있을 때까지 취소할 수 있다. 취소한 자는 다시 재정신청을 할 수 없다.

③ 전항의 취소는 다른 공동신청권자에게 효력을 미치지 아니한다.

◎ 공소취소의 제한

검사는 형사소송법 제262조제2항제2호의 결정에 따라 공소를 제기한 때에는 이를 취소할 수 없다.

- 공판 -

◎ 공소장부본의 송달

법원은 공소의 제기가 있는 때에는 지체없이 공소장의 부본을 피고인 또는 변호인에게 송달하여야 한다. 단, 제1회 공판기일 전 5일까지 송달하여야 한다.

◎ 의견서의 제출

① 피고인 또는 변호인은 공소장 부본을 송달받은 날부터 7일 이내에 공소사실에 대한 인정 여부, 공판준비절차에 관한 의견 등을 기재한 의견서를 법원에 제출하여야 한다. 다만, 피고인이 진술을 거부하는 경우에는 그 취지를 기재한 의견서를 제출할 수 있다.

② 법원은 제1항의 의견서가 제출된 때에는 이를 검사에게 송부하여야 한다.

◎ 공소제기 후 검사가 보관하고 있는 서류 등의 열람·등사

① 피고인 또는 변호인은 검사에게 공소제기된 사건에 관한 서류 또는 물건(이하 "서류등"이라 한다)의 목록과 공소사실의 인정 또는 양형에 영향을 미칠 수 있는 다음 서류등의 열람·등사 또는 서면의 교부를 신청할 수 있다. 다만, 피고인에게 변호인이 있는 경우에는 피고인은 열람만을 신청할 수 있다.

1. 검사가 증거로 신청할 서류등
2. 검사가 증인으로 신청할 사람의 성명·사건과의 관계 등을 기재한 서면 또는 그 사람이 공판기일 전에 행한 진술을 기재한 서류등
3. 제1호 또는 제2호의 서면 또는 서류등의 증명력과 관련된 서류등
4. 피고인 또는 변호인이 행한 법률상·사실상 주장과 관련된 서류등(관련 형사재판 확정기록, 불기소처분기록 등을 포함한다)

② 검사는 국가안보, 증인보호의 필요성, 증거인멸의 염려, 관련 사건의 수사에 장애를 가져올 것으로 예상되는 구체적인 사유 등 열람·등사 또는 서면의 교부를 허용하지 아니할 상당한 이유가 있다고 인정하는 때에는 열람·등사 또는 서면의 교부를 거부하거나 그 범위를 제한할 수 있다.

③ 검사는 열람·등사 또는 서면의 교부를 거부하거나 그 범위를 제한하는 때에는 지체 없이 그 이유를 서면으로 통지하여야 한다.

④ 피고인 또는 변호인은 검사가 제1항의 신청을 받은 때부터 48시간 이내에 제3항의 통지를 하지 아니하는 때에는 형사소송법 제266조의4제1항의 신청을 할 수 있다.

⑤ 검사는 제2항에도 불구하고 서류등의 목록에 대하여는 열람 또는 등사를 거부할 수 없다.

⑥ 제1항의 서류등은 도면·사진·녹음테이프·비디오테이프·컴퓨터용 디스크, 그 밖에 정보를 담기 위하여 만들어진 물건으로서 문서가 아닌 특수매체를 포함한다. 이 경우 특수매체에 대한 등사는 필요 최소한의 범위에 한한다.

◎ **법원의 열람·등사에 관한 결정**

① 피고인 또는 변호인은 검사가 서류등의 열람·등사 또는 서면의 교부를 거부하거나 그 범위를 제한한 때에는 법원에 그 서류등의 열람·등사 또는 서면의 교부를 허용하도록 할 것을 신청할 수 있다.

② 법원은 제1항의 신청이 있는 때에는 열람·등사 또는 서면의 교부를 허용하는 경우에 생길 폐해의 유형·정도, 피고인의 방어 또는 재판의 신속한 진행을 위한 필요성 및 해당 서류등의 중요성 등을 고려하여 검사에게 열람·등사 또는 서면의 교부를 허용할 것을 명할 수 있다. 이 경우 열람 또는 등사의 시기·방법을 지정하거나 조건·의무를 부과할 수 있다.

③ 법원은 제2항의 결정을 하는 때에는 검사에게 의견을 제시할 수 있는 기회를 부여하여야 한다.

④ 법원은 필요하다고 인정하는 때에는 검사에게 해당 서류등의 제시를 요구할 수 있고, 피고인이나 그 밖의 이해관계인을 심문할 수 있다.

⑤ 검사는 제2항의 열람·등사 또는 서면의 교부에 관한 법원의 결정을 지체 없이 이행하지 아니하는 때에는 해당 증인 및 서류등에 대한 증거신청을 할 수 없다.

◎ **공판준비절차**

① 재판장은 효율적이고 집중적인 심리를 위하여 사건을 공판준비절차에 부칠 수 있다.

② 공판준비절차는 주장 및 입증계획 등을 서면으로 준비하게 하거나 공판준비기일을 열어 진행한다.

③ 검사, 피고인 또는 변호인은 증거를 미리 수집·정리하는 등 공판준비절차가 원활하게 진행될 수 있도록 협력하여야 한다.

◎ **공판준비를 위한 서면의 제출**

① 검사, 피고인 또는 변호인은 법률상·사실상 주장의 요지 및 입증취지 등이 기재된 서면을 법원에 제출할 수 있다.

② 재판장은 검사, 피고인 또는 변호인에 대하여 제1항에 따른 서면의 제출을 명할 수 있다.

③ 법원은 제1항 또는 제2항에 따라 서면이 제출된 때에는 그 부본을 상대방에게 송달하여야 한다.

④ 재판장은 검사, 피고인 또는 변호인에게 공소장 등 법원에 제출된 서면에 대한 설명을 요구하거나 그 밖에 공판준비에 필요한 명령을 할 수 있다.

◎ **공판준비기일**

① 법원은 검사, 피고인 또는 변호인의 의견을 들어 공판준비기일을 지정할 수 있다.

② 검사, 피고인 또는 변호인은 법원에 대하여 공판준비기일의 지정을 신청할 수 있다. 이 경우 당해 신청에 관한 법원의 결정에 대하여는 불복할 수 없다.

③ 법원은 합의부원으로 하여금 공판준비기일을 진행하게 할 수 있다. 이 경우 수명법관은 공판준비기일에 관하여 법원 또는 재판장과 동일한 권한이 있다.

④ 공판준비기일은 공개한다. 다만, 공개하면 절차의 진행이 방해될 우려가 있는 때에는 공개하지 아니할 수 있다.

◎ 검사 및 변호인 등의 출석

① 공판준비기일에는 검사 및 변호인이 출석하여야 한다.

② 공판준비기일에는 법원사무관등이 참여한다.

③ 법원은 검사, 피고인 및 변호인에게 공판준비기일을 통지하여야 한다.

④ 법원은 공판준비기일이 지정된 사건에 관하여 변호인이 없는 때에는 직권으로 변호인을 선정하여야 한다.

⑤ 법원은 필요하다고 인정하는 때에는 피고인을 소환할 수 있으며, 피고인은 법원의 소환이 없는 때에도 공판준비기일에 출석할 수 있다.

⑥ 재판장은 출석한 피고인에게 진술을 거부할 수 있음을 알려주어야 한다.

◎ 공판준비에 관한 사항

① 법원은 공판준비절차에서 다음 행위를 할 수 있다.

 1. 공소사실 또는 적용법조를 명확하게 하는 행위
 2. 공소사실 또는 적용법조의 추가·철회 또는 변경을 허가하는 행위
 3. 공소사실과 관련하여 주장할 내용을 명확히 하여 사건의 쟁점을 정리하는 행위
 4. 계산이 어렵거나 그 밖에 복잡한 내용에 관하여 설명하도록 하는 행위
 5. 증거신청을 하도록 하는 행위
 6. 신청된 증거와 관련하여 입증 취지 및 내용 등을 명확하게 하는 행위
 7. 증거신청에 관한 의견을 확인하는 행위
 8. 증거 채부(採否)의 결정을 하는 행위
 9. 증거조사의 순서 및 방법을 정하는 행위
 10. 서류등의 열람 또는 등사와 관련된 신청의 당부를 결정하는 행위
 11. 공판기일을 지정 또는 변경하는 행위
 12. 그 밖에 공판절차의 진행에 필요한 사항을 정하는 행위

② 형사소송법 제296조 및 제304조는 공판준비절차에 관하여 준용한다.

◎ 공판준비기일 결과의 확인

① 법원은 공판준비기일을 종료하는 때에는 검사, 피고인 또는 변호인에게 쟁점 및 증거에 관한 정리결과를 고지하고, 이에 대한 이의의 유무를 확인하여야 한다.

② 법원은 쟁점 및 증거에 관한 정리결과를 공판준비기일조서에 기재하여야 한다.

◎ **피고인 또는 변호인이 보관하고 있는 서류등의 열람 · 등사**

① 검사는 피고인 또는 변호인이 공판기일 또는 공판준비절차에서 현장부재 · 심신상실 또는 심신미약 등 법률상 · 사실상의 주장을 한 때에는 피고인 또는 변호인에게 다음 서류등의 열람 · 등사 또는 서면의 교부를 요구할 수 있다.

1. 피고인 또는 변호인이 증거로 신청할 서류등
2. 피고인 또는 변호인이 증인으로 신청할 사람의 성명, 사건과의 관계 등을 기재한 서면
3. 제1호의 서류등 또는 제2호의 서면의 증명력과 관련된 서류등
4. 피고인 또는 변호인이 행한 법률상 · 사실상의 주장과 관련된 서류등

② 피고인 또는 변호인은 검사가 형사소송법 제266조의3제1항에 따른 서류등의 열람 · 등사 또는 서면의 교부를 거부한 때에는 제1항에 따른 서류등의 열람 · 등사 또는 서면의 교부를 거부할 수 있다. 다만, 법원이 형사소송법 제266조의4제1항에 따른 신청을 기각하는 결정을 한 때에는 그러하지 아니하다.

③ 검사는 피고인 또는 변호인이 제1항에 따른 요구를 거부한 때에는 법원에 그 서류등의 열람 · 등사 또는 서면의 교부를 허용하도록 할 것을 신청할 수 있다.

④ 형사소송법 제266조의4제2항부터 제5항까지의 규정은 제3항의 신청이 있는 경우에 준용한다.

⑤ 제1항에 따른 서류등에 관하여는 형사소송법 제266조의3제6항을 준용한다.

◎ **공판준비절차의 종결사유**

법원은 다음 각 호의 어느 하나에 해당하는 사유가 있는 때에는 공판준비절차를 종결하여야 한다. 다만, 제2호 또는 제3호에 해당하는 경우로서 공판의 준비를 계속하여야 할 상당한 이유가 있는 때에는 그러하지 아니하다.

1. 쟁점 및 증거의 정리가 완료된 때
2. 사건을 공판준비절차에 부친 뒤 3개월이 지난 때
3. 검사 · 변호인 또는 소환받은 피고인이 출석하지 아니한 때

◎ **공판준비기일 종결의 효과**

① 공판준비기일에서 신청하지 못한 증거는 다음 각 호의 어느 하나에 해당하는 경우에 한하여 공판기일에 신청할 수 있다.

1. 그 신청으로 인하여 소송을 현저히 지연시키지 아니하는 때
2. 중대한 과실 없이 공판준비기일에 제출하지 못하는 등 부득이한 사유를 소명한 때

② 제1항에도 불구하고 법원은 직권으로 증거를 조사할 수 있다.

◎ **기일간 공판준비절차**

법원은 쟁점 및 증거의 정리를 위하여 필요한 경우에는 제1회 공판기일 후에도 사건을 공판준비절차에 부칠 수 있다. 이 경우 기일전 공판준비절차에 관한 규정을 준용한다.

◎ **열람 · 등사된 서류등의 남용금지**

① 피고인 또는 변호인(피고인 또는 변호인이었던 자를 포함한다. 이하 이 조에서 같다)은 검사가 열람 또는 등사하도록 한 형사소송법 제266조의3제1항에 따른 서면 및 서류등의 사본을 당해 사건 또는 관련 소송의 준비에 사용할 목적이 아닌 다른 목적으로 다른 사람에게 교부 또는 제시(전기통신설비를 이용하여 제공하는 것을 포함한다)하여서는 아니 된다.

② 피고인 또는 변호인이 제1항을 위반하는 때에는 1년 이하의 징역 또는 500만원 이하의 벌금에 처한다.

◎ **공판기일의 지정**

① 재판장은 공판기일을 정하여야 한다.

② 공판기일에는 피고인, 대표자 또는 대리인을 소환하여야 한다.

③ 공판기일은 검사, 변호인과 보조인에게 통지하여야 한다.

◎ **집중심리**

① 공판기일의 심리는 집중되어야 한다.

② 심리에 2일 이상이 필요한 경우에는 부득이한 사정이 없는 한 매일 계속 개정하여야 한다.

③ 재판장은 여러 공판기일을 일괄하여 지정할 수 있다.

④ 재판장은 부득이한 사정으로 매일 계속 개정하지 못하는 경우에도 특별한 사정이 없는 한 전회의 공판기일부터 14일 이내로 다음 공판기일을 지정하여야 한다.

⑤ 소송관계인은 기일을 준수하고 심리에 지장을 초래하지 아니하도록 하여야 하며, 재판장은 이에 필요한 조치를 할 수 있다.

◎ **소환장송달의 의제**

법원의 구내에 있는 피고인에 대하여 공판기일을 통지한 때에는 소환장송달의 효력이 있다.

◎ **제1회 공판기일의 유예기간**

① 제1회 공판기일은 소환장의 송달 후 5일 이상의 유예기간을 두어야 한다.

② 피고인이 이의없는 때에는 전항의 유예기간을 두지 아니할 수 있다.

◎ **공판기일의 변경**

① 재판장은 직권 또는 검사, 피고인이나 변호인의 신청에 의하여 공판기일을 변경할 수 있다.

② 공판기일 변경신청을 기각한 명령은 송달하지 아니한다.

◎ **불출석사유, 자료의 제출**

공판기일에 소환 또는 통지서를 받은 자가 질병 기타의 사유로 출석하지 못할 때에는 의사의 진단서 기타의 자료를 제출하여야 한다.

◎ **공무소등에 대한 조회**

① 법원은 직권 또는 검사, 피고인이나 변호인의 신청에 의하여 공무소 또는 공사단체에 조회하여 필요한 사항의 보고 또는 그 보관서류의 송부를 요구할 수 있다.

② 전항의 신청을 기각함에는 결정으로 하여야 한다.

◎ **공판기일 전의 증거조사**

① 법원은 검사, 피고인 또는 변호인의 신청에 의하여 공판준비에 필요하다고 인정한 때에는 공판기일 전에 피고인 또는 증인을 신문할 수 있고 검증, 감정 또는 번역을 명할 수 있다.

② 재판장은 부원으로 하여금 전항의 행위를 하게 할 수 있다.

③ 제1항의 신청을 기각함에는 결정으로 하여야 한다.

◎ **당사자의 공판기일 전의 증거제출**

검사, 피고인 또는 변호인은 공판기일 전에 서류나 물건을 증거로 법원에 제출할 수 있다.

◎ **공판정의 심리**

① 공판기일에는 공판정에서 심리한다.

② 공판정은 판사와 검사, 법원사무관등이 출석하여 개정한다.

③ 검사의 좌석과 피고인 및 변호인의 좌석은 대등하며, 법대의 좌우측에 마주 보고 위치하고, 증인의 좌석은 법대의 정면에 위치한다. 다만, 피고인신문을 하는 때에는 피고인은 증인석에 좌석한다.

◎ **피고인의 무죄추정**

피고인은 유죄의 판결이 확정될 때까지는 무죄로 추정된다.

◎ **구두변론주의**

공판정에서의 변론은 구두로 하여야 한다.

◎ **피고인의 출석권**

피고인이 공판기일에 출석하지 아니한 때에는 특별한 규정이 없으면 개정하지 못한다. 단, 피고인이 법인인 경우에는 대리인을 출석하게 할 수 있다.

◎ 장애인 등 특별히 보호를 요하는 자에 대한 특칙

① 재판장 또는 법관은 피고인을 신문하는 경우 다음 각 호의 어느 하나에 해당하는 때에는 직권 또는 피고인·법정대리인·검사의 신청에 따라 피고인과 신뢰관계에 있는 자를 동석하게 할 수 있다.

1. 피고인이 신체적 또는 정신적 장애로 사물을 변별하거나 의사를 결정·전달할 능력이 미약한 경우
2. 피고인의 연령·성별·국적 등의 사정을 고려하여 그 심리적 안정의 도모와 원활한 의사소통을 위하여 필요한 경우

② 제1항에 따라 동석할 수 있는 신뢰관계에 있는 자의 범위, 동석의 절차 및 방법 등에 관하여 필요한 사항은 대법원규칙으로 정한다.

◎ 경미사건 등과 피고인의 불출석

다음 각 호의 어느 하나에 해당하는 사건에 관하여는 피고인의 출석을 요하지 아니한다. 이 경우 피고인은 대리인을 출석하게 할 수 있다.

1. 다액 500만원 이하의 벌금 또는 과료에 해당하는 사건
2. 공소기각 또는 면소의 재판을 할 것이 명백한 사건
3. 장기 3년 이하의 징역 또는 금고, 다액 500만원을 초과하는 벌금 또는 구류에 해당하는 사건에서 피고인의 불출석허가신청이 있고 법원이 피고인의 불출석이 그의 권리를 보호함에 지장이 없다고 인정하여 이를 허가한 사건. 다만, 형사소송법 제284조에 따른 절차를 진행하거나 판결을 선고하는 공판기일에는 출석하여야 한다.
4. 형사소송법 제453조제1항에 따라 피고인만이 정식재판의 청구를 하여 판결을 선고하는 사건

◎ 피고인의 출석거부와 공판절차

① 피고인이 출석하지 아니하면 개정하지 못하는 경우에 구속된 피고인이 정당한 사유없이 출석을 거부하고, 교도관에 의한 인치가 불가능하거나 현저히 곤란하다고 인정되는 때에는 피고인의 출석 없이 공판절차를 진행할 수 있다.

② 제1항의 규정에 의하여 공판절차를 진행할 경우에는 출석한 검사 및 변호인의 의견을 들어야 한다.

◎ 검사의 불출석

검사가 공판기일의 통지를 2회 이상받고 출석하지 아니하거나 판결만을 선고하는 때에는 검사의 출석 없이 개정할 수 있다.

◎ 재판장의 소송지휘권

공판기일의 소송지휘는 재판장이 한다.

◎ 전문심리위원의 참여

① 법원은 소송관계를 분명하게 하거나 소송절차를 원활하게 진행하기 위하여 필요한 경우에는 직권으로 또는 검사, 피고인 또는 변호인의 신청에 의하여 결정으로 전문심리위원을 지정하여 공판준비 및 공판기일 등 소송절차에 참여하게 할 수 있다.

② 전문심리위원은 전문적인 지식에 의한 설명 또는 의견을 기재한 서면을 제출하거나 기일에 전문적인 지식에 의하여 설명이나 의견을 진술할 수 있다. 다만, 재판의 합의에는 참여할 수 없다.

③ 전문심리위원은 기일에 재판장의 허가를 받아 피고인 또는 변호인, 증인 또는 감정인 등 소송관계인에게 소송관계를 분명하게 하기 위하여 필요한 사항에 관하여 직접 질문할 수 있다.

④ 법원은 제2항에 따라 전문심리위원이 제출한 서면이나 전문심리위원의 설명 또는 의견의 진술에 관하여 검사, 피고인 또는 변호인에게 구술 또는 서면에 의한 의견 진술의 기회를 주어야 한다.

◎ 전문심리위원 참여결정의 취소

① 법원은 상당하다고 인정하는 때에는 검사, 피고인 또는 변호인의 신청이나 직권으로 형사소송법 제279조의2제1항에 따른 결정을 취소할 수 있다.

② 법원은 검사와 피고인 또는 변호인이 합의하여 형사소송법 제279조의2제1항의 결정을 취소할 것을 신청한 때에는 그 결정을 취소하여야 한다.

◎ 전문심리위원의 지정 등

① 형사소송법 제279조의2제1항에 따라 전문심리위원을 소송절차에 참여시키는 경우 법원은 검사, 피고인 또는 변호인의 의견을 들어 각 사건마다 1인 이상의 전문심리위원을 지정한다.

② 전문심리위원에게는 대법원규칙으로 정하는 바에 따라 수당을 지급하고, 필요한 경우에는 그 밖의 여비, 일당 및 숙박료를 지급할 수 있다.

③ 그 밖에 전문심리위원의 지정에 관하여 필요한 사항은 대법원규칙으로 정한다.

◎ 전문심리위원의 제척 및 기피

① 형사소송법 제17조부터 제20조까지 및 제23조는 전문심리위원에게 준용한다.

② 제척 또는 기피 신청이 있는 전문심리위원은 그 신청에 관한 결정이 확정될 때까지 그 신청이 있는 사건의 소송절차에 참여할 수 없다. 이 경우 전문심리위원은 해당 제척 또는 기피 신청에 대하여 의견을 진술할 수 있다.

◎ 수명법관 등의 권한

수명법관 또는 수탁판사가 소송절차를 진행하는 경우에는 형사소송법 제279조의2제2항부터 제4항까지의 규정에 따른 법원 및 재판장의 직무는 그 수명법관이나 수탁판사가 행한다.

◎ 비밀누설죄

전문심리위원 또는 전문심리위원이었던 자가 그 직무수행 중에 알게 된 다른 사람의 비밀을 누설한 때에는 2년 이하의 징역이나 금고 또는 1천만원 이하의 벌금에 처한다.

◎ 벌칙 적용에서의 공무원 의제

전문심리위원은 「형법」 제129조부터 제132조까지의 규정에 따른 벌칙의 적용에서는 공무원으로 본다.

◎ 공판정에서의 신체구속의 금지

공판정에서는 피고인의 신체를 구속하지 못한다. 다만, 재판장은 피고인이 폭력을 행사하거나 도망할 염려가 있다고 인정하는 때에는 피고인의 신체의 구속을 명하거나 기타 필요한 조치를 할 수 있다.

◎ 피고인의 재정의무, 법정경찰권

① 피고인은 재판장의 허가없이 퇴정하지 못한다.
② 재판장은 피고인의 퇴정을 제지하거나 법정의 질서를 유지하기 위하여 필요한 처분을 할 수 있다.

◎ 필요적 변호

형사소송법 제33조제1항 각 호의 어느 하나에 해당하는 사건 및 같은 조 제2항·제3항의 규정에 따라 변호인이 선정된 사건에 관하여는 변호인 없이 개정하지 못한다. 단, 판결만을 선고할 경우에는 예외로 한다.

◎ 국선변호인

형사소송법 제282조 본문의 경우 변호인이 출석하지 아니한 때에는 법원은 직권으로 변호인을 선정하여야 한다.

◎ 피고인의 진술거부권

① 피고인은 진술하지 아니하거나 개개의 질문에 대하여 진술을 거부할 수 있다.
② 재판장은 피고인에게 제1항과 같이 진술을 거부할 수 있음을 고지하여야 한다.

◎ 인정신문

재판장은 피고인의 성명, 연령, 등록기준지, 주거와 직업을 물어서 피고인임에 틀림없음을 확인하여야 한다.

◎ 검사의 모두진술

검사는 공소장에 의하여 공소사실·죄명 및 적용법조를 낭독하여야 한다. 다만, 재판장은 필요하다고 인정하는 때에는 검사에게 공소의 요지를 진술하게 할 수 있다.

◎ **피고인의 모두진술**
① 피고인은 검사의 모두진술이 끝난 뒤에 공소사실의 인정 여부를 진술하여야 한다. 다만, 피고인이 진술거부권을 행사하는 경우에는 그러하지 아니하다.
② 피고인 및 변호인은 이익이 되는 사실 등을 진술할 수 있다.

◎ **간이공판절차의 결정**
피고인이 공판정에서 공소사실에 대하여 자백한 때에는 법원은 그 공소사실에 한하여 간이공판절차에 의하여 심판할 것을 결정할 수 있다.

◎ **결정의 취소**
법원은 전조의 결정을 한 사건에 대하여 피고인의 자백이 신빙할 수 없다고 인정되거나 간이공판절차로 심판하는 것이 현저히 부당하다고 인정할 때에는 검사의 의견을 들어 그 결정을 취소하여야 한다.

◎ **재판장의 쟁점정리 및 검사·변호인의 증거관계 등에 대한 진술**
① 재판장은 피고인의 모두진술이 끝난 다음에 피고인 또는 변호인에게 쟁점의 정리를 위하여 필요한 질문을 할 수 있다.
② 재판장은 증거조사를 하기에 앞서 검사 및 변호인으로 하여금 공소사실 등의 증명과 관련된 주장 및 입증계획 등을 진술하게 할 수 있다. 다만, 증거로 할 수 없거나 증거로 신청할 의사가 없는 자료에 기초하여 법원에 사건에 대한 예단 또는 편견을 발생하게 할 염려가 있는 사항은 진술할 수 없다.

◎ **증거조사**
증거조사는 형사소송법 제287조에 따른 절차가 끝난 후에 실시한다.

◎ **동전**
① 소송관계인이 증거로 제출한 서류나 물건 또는 형사소송법 제272조, 제273조의 규정에 의하여 작성 또는 송부된 서류는 검사, 변호인 또는 피고인이 공판정에서 개별적으로 지시설명하여 조사하여야 한다.
② 재판장은 직권으로 전항의 서류나 물건을 공판정에서 조사할 수 있다.

◎ **증거조사의 순서**
① 법원은 검사가 신청한 증거를 조사한 후 피고인 또는 변호인이 신청한 증거를 조사한다.
② 법원은 제1항에 따른 조사가 끝난 후 직권으로 결정한 증거를 조사한다.
③ 법원은 직권 또는 검사, 피고인·변호인의 신청에 따라 제1항 및 제2항의 순서를 변경할 수 있다.

◎ **증거서류에 대한 조사방식**

① 검사, 피고인 또는 변호인의 신청에 따라 증거서류를 조사하는 때에는 신청인이 이를 낭독하여야 한다.

② 법원이 직권으로 증거서류를 조사하는 때에는 소지인 또는 재판장이 이를 낭독하여야 한다.

③ 재판장은 필요하다고 인정하는 때에는 제1항 및 제2항에도 불구하고 내용을 고지하는 방법으로 조사할 수 있다.

④ 재판장은 법원사무관등으로 하여금 제1항부터 제3항까지의 규정에 따른 낭독이나 고지를 하게 할 수 있다.

⑤ 재판장은 열람이 다른 방법보다 적절하다고 인정하는 때에는 증거서류를 제시하여 열람하게 하는 방법으로 조사할 수 있다.

◎ **증거물에 대한 조사방식**

① 검사, 피고인 또는 변호인의 신청에 따라 증거물을 조사하는 때에는 신청인이 이를 제시하여야 한다.

② 법원이 직권으로 증거물을 조사하는 때에는 소지인 또는 재판장이 이를 제시하여야 한다.

③ 재판장은 법원사무관등으로 하여금 제1항 및 제2항에 따른 제시를 하게 할 수 있다.

◎ **그 밖의 증거에 대한 조사방식**

도면·사진·녹음테이프·비디오테이프·컴퓨터용디스크, 그 밖에 정보를 담기 위하여 만들어진 물건으로서 문서가 아닌 증거의 조사에 관하여 필요한 사항은 대법원규칙으로 정한다.

◎ **증거조사 결과와 피고인의 의견**

재판장은 피고인에게 각 증거조사의결과에 대한 의견을 묻고 권리를 보호함에 필요한 증거조사를 신청할 수 있음을 고지하여야 한다.

◎ **당사자의 증거신청**

① 검사, 피고인 또는 변호인은 서류나 물건을 증거로 제출할 수 있고, 증인·감정인·통역인 또는 번역인의 신문을 신청할 수 있다.

② 법원은 검사, 피고인 또는 변호인이 고의로 증거를 뒤늦게 신청함으로써 공판의 완결을 지연하는 것으로 인정할 때에는 직권 또는 상대방의 신청에 따라 결정으로 이를 각하할 수 있다.

◎ **피해자등의 진술권**

① 법원은 범죄로 인한 피해자 또는 그 법정대리인(피해자가 사망한 경우에는 배우자·직계친족·형제자매를 포함한다. 이하 이 조에서 "피해자등"이라 한다)의 신청

이 있는 때에는 그 피해자등을 증인으로 신문하여야 한다. 다만, 다음 각 호의 어느 하나에 해당하는 경우에는 그러하지 아니하다.

1. 삭제
2. 피해자등 이미 당해 사건에 관하여 공판절차에서 충분히 진술하여 다시 진술할 필요가 없다고 인정되는 경우
3. 피해자등의 진술로 인하여 공판절차가 현저하게 지연될 우려가 있는 경우

② 법원은 제1항에 따라 피해자등을 신문하는 경우 피해의 정도 및 결과, 피고인의 처벌에 관한 의견, 그 밖에 당해 사건에 관한 의견을 진술할 기회를 주어야 한다.

③ 법원은 동일한 범죄사실에서 제1항의 규정에 의한 신청인이 여러 명인 경우에는 진술할 자의 수를 제한할 수 있다.

④ 제1항의 규정에 의한 신청인이 출석통지를 받고도 정당한 이유없이 출석하지 아니한 때에는 그 신청을 철회한 것으로 본다.

◎ 피해자 진술의 비공개

① 법원은 범죄로 인한 피해자를 증인으로 신문하는 경우 당해 피해자·법정대리인 또는 검사의 신청에 따라 피해자의 사생활의 비밀이나 신변보호를 위하여 필요하다고 인정하는 때에는 결정으로 심리를 공개하지 아니할 수 있다.

② 제1항의 결정은 이유를 붙여 고지한다.

③ 법원은 제1항의 결정을 한 경우에도 적당하다고 인정되는 자의 재정(在廷)을 허가할 수 있다.

◎ 피해자 등의 공판기록 열람·등사

① 소송계속 중인 사건의 피해자(피해자가 사망하거나 그 심신에 중대한 장애가 있는 경우에는 그 배우자·직계친족 및 형제자매를 포함한다), 피해자 본인의 법정대리인 또는 이들로부터 위임을 받은 피해자 본인의 배우자·직계친족·형제자매·변호사는 소송기록의 열람 또는 등사를 재판장에게 신청할 수 있다.

② 재판장은 제1항의 신청이 있는 때에는 지체 없이 검사, 피고인 또는 변호인에게 그 취지를 통지하여야 한다.

③ 재판장은 피해자 등의 권리구제를 위하여 필요하다고 인정하거나 그 밖의 정당한 사유가 있는 경우 범죄의 성질, 심리의 상황, 그 밖의 사정을 고려하여 상당하다고 인정하는 때에는 열람 또는 등사를 허가할 수 있다.

④ 재판장이 제3항에 따라 등사를 허가하는 경우에는 등사한 소송기록의 사용목적을 제한하거나 적당하다고 인정하는 조건을 붙일 수 있다.

⑤ 제1항에 따라 소송기록을 열람 또는 등사한 자는 열람 또는 등사에 의하여 알게 된 사항을 사용함에 있어서 부당히 관계인의 명예나 생활의 평온을 해하거나 수사와 재판에 지장을 주지 아니하도록 하여야 한다.

⑥ 제3항 및 제4항에 관한 재판에 대하여는 불복할 수 없다.

◎ **증거신청에 대한 결정**

법원은 형사소송법 제294조 및 제294조의2의 증거신청에 대하여 결정을 하여야 하며 직권으로 증거조사를 할 수 있다.

◎ **증거조사에 대한 이의신청**

① 검사, 피고인 또는 변호인은 증거조사에 관하여 이의신청을 할 수 있다.

② 법원은 전항의 신청에 대하여 결정을 하여야 한다.

◎ **피고인신문**

① 검사 또는 변호인은 증거조사 종료 후에 순차로 피고인에게 공소사실 및 정상에 관하여 필요한 사항을 신문할 수 있다. 다만, 재판장은 필요하다고 인정하는 때에는 증거조사가 완료되기 전이라도 이를 허가할 수 있다.

② 재판장은 필요하다고 인정하는 때에는 피고인을 신문할 수 있다.

③ 형사소송법 제161조의2제1항부터 제3항까지 및 제5항은 제1항의 신문에 관하여 준용한다.

◎ **피고인등의 퇴정**

① 재판장은 증인 또는 감정인이 피고인 또는 어떤 재정인의 면전에서 충분한 진술을 할 수 없다고 인정한 때에는 그를 퇴정하게 하고 진술하게 할 수 있다. 피고인이 다른 피고인의 면전에서 충분한 진술을 할 수 없다고 인정한 때에도 같다.

② 전항의 규정에 의하여 피고인을 퇴정하게 한 경우에 증인, 감정인 또는 공동피고인의 진술이 종료한 때에는 퇴정한 피고인을 입정하게 한 후 법원사무관등으로 하여금 진술의 요지를 고지하게 하여야 한다.

◎ **간이공판절차에서의 증거조사**

형사소송법 제286조의2의 결정이 있는 사건에 대하여는 형사소송법 제161조의2, 제290조 내지 제293조, 제297조의 규정을 적용하지 아니하며 법원이 상당하다고 인정하는 방법으로 증거조사를 할 수 있다.

◎ **공소장의 변경**

① 검사는 법원의 허가를 얻어 공소장에 기재한 공소사실 또는 적용법조의 추가, 철회 또는 변경을 할 수 있다. 이 경우에 법원은 공소사실의 동일성을 해하지 아니하는 한도에서 허가하여야 한다.

② 법원은 심리의 경과에 비추어 상당하다고 인정할 때에는 공소사실 또는 적용법조의 추가 또는 변경을 요구하여야 한다.

③ 법원은 공소사실 또는 적용법조의 추가, 철회 또는 변경이 있을 때에는 그 사유를 신속히 피고인 또는 변호인에게 고지하여야 한다.

④ 법원은 전3항의 규정에 의한 공소사실 또는 적용법조의 추가, 철회 또는 변경이 피

고인의 불이익을 증가할 염려가 있다고 인정한 때에는 직권 또는 피고인이나 변호인의 청구에 의하여 피고인으로 하여금 필요한 방어의 준비를 하게 하기 위하여 결정으로 필요한 기간 공판절차를 정지할 수 있다.

◎ **불필요한 변론등의 제한**

재판장은 소송관계인의 진술 또는 신문이 중복된 사항이거나 그 소송에 관계없는 사항인 때에는 소송관계인의 본질적 권리를 해하지 아니하는 한도에서 이를 제한할 수 있다.

◎ **변론의 분리와 병합**

법원은 필요하다고 인정한 때에는 직권 또는 검사, 피고인이나 변호인의 신청에 의하여 결정으로 변론을 분리하거나 병합할 수 있다.

◎ **공판절차의 갱신**

공판개정 후 판사의 경질이 있는 때에는 공판절차를 갱신하여야 한다. 단, 판결의 선고만을 하는 경우에는 예외로 한다.

◎ **간이공판절차결정의 취소와 공판절차의 갱신**

형사소송법 제286조의2의 결정이 취소된 때에는 공판절차를 갱신하여야 한다. 단, 검사, 피고인 또는 변호인이 이의가 없는 때에는 그러하지 아니하다.

◎ **증거조사 후의 검사의 의견진술**

피고인 신문과 증거조사가 종료한 때에는 검사는 사실과 법률적용에 관하여 의견을 진술하여야 한다. 단, 형사소송법 제278조의 경우에는 공소장의 기재사항에 의하여 검사의 의견진술이 있는 것으로 간주한다.

◎ **피고인의 최후진술**

재판장은 검사의 의견을 들은 후 피고인과 변호인에게 최종의 의견을 진술할 기회를 주어야 한다.

◎ **재판장의 처분에 대한 이의**

① 검사, 피고인 또는 변호인은 재판장의 처분에 대하여 이의신청을 할 수 있다.
② 전항의 이의신청이 있는 때에는 법원은 결정을 하여야 한다.

◎ **변론의 재개**

법원은 필요하다고 인정한 때에는 직권 또는 검사, 피고인이나 변호인의 신청에 의하여 결정으로 종결한 변론을 재개할 수 있다.

◎ **공판절차의 정지**

① 피고인이 사물의 변별 또는 의사의 결정을 할 능력이 없는 상태에 있는 때에는 법원은 검사와 변호인의 의견을 들어서 결정으로 그 상태가 계속하는 기간 공판절차를 정지하여야 한다.

② 피고인이 질병으로 인하여 출정할 수 없는 때에는 법원은 검사와 변호인의 의견을 들어서 결정으로 출정할 수 있을 때까지 공판절차를 정지하여야 한다.

③ 전2항의 규정에 의하여 공판절차를 정지함에는 의사의 의견을 들어야 한다.

④ 피고사건에 대하여 무죄, 면소, 형의 면제 또는 공소기각의 재판을 할 것으로 명백한 때에는 제1항, 제2항의 사유있는 경우에도 피고인의 출정없이 재판할 수 있다.

⑤ 형사소송법 제277조의 규정에 의하여 대리인이 출정할 수 있는 경우에는 제1항 또는 제2항의 규정을 적용하지 아니한다.

- 증거 -

◎ **증거재판주의**

① 사실의 인정은 증거에 의하여야 한다.

② 범죄사실의 인정은 합리적인 의심이 없는 정도의 증명에 이르러야 한다.

◎ **자유심증주의**

증거의 증명력은 법관의 자유판단에 의한다.

◎ **위법수집증거의 배제**

적법한 절차에 따르지 아니하고 수집한 증거는 증거로 할 수 없다.

◎ **강제등 자백의 증거능력**

피고인의 자백이 고문, 폭행, 협박, 신체구속의 부당한 장기화 또는 기망 기타의 방법으로 임의로 진술한 것이 아니라고 의심할 만한 이유가 있는 때에는 이를 유죄의 증거로 하지 못한다.

◎ **불이익한 자백의 증거능력**

피고인의 자백이 그 피고인에게 불이익한 유일의 증거인 때에는 이를 유죄의 증거로 하지 못한다.

◎ **전문증거와 증거능력의 제한**

형사소송법 제311조 내지 제316조에 규정한 것 이외에는 공판준비 또는 공판기일에서의 진술에 대신하여 진술을 기재한 서류나 공판준비 또는 공판기일 외에서의 타인의 진술을 내용으로 하는 진술은 이를 증거로 할 수 없다.

◎ **법원 또는 법관의 조서**

공판준비 또는 공판기일에 피고인이나 피고인 아닌 자의 진술을 기재한 조서와 법원 또는 법관의 검증의 결과를 기재한 조서는 증거로 할 수 있다. 형사소송법 제184조 및 제221조의2의 규정에 의하여 작성한 조서도 또한 같다.

◎ **검사 또는 사법경찰관의 조서 등**

① 검사가 피고인이 된 피의자의 진술을 기재한 조서는 적법한 절차와 방식에 따라 작성된 것으로서 피고인이 진술한 내용과 동일하게 기재되어 있음이 공판준비 또는 공판기일에서의 피고인의 진술에 의하여 인정되고, 그 조서에 기재된 진술이 특히 신빙할 수 있는 상태하에서 행하여졌음이 증명된 때에 한하여 증거로 할 수 있다.

② 제1항에도 불구하고 피고인이 그 조서의 성립의 진정을 부인하는 경우에는 그 조서에 기재된 진술이 피고인이 진술한 내용과 동일하게 기재되어 있음이 영상녹화물이나 그 밖의 객관적인 방법에 의하여 증명되고, 그 조서에 기재된 진술이 특히 신빙할 수 있는 상태 하에서 행하여졌음이 증명된 때에 한하여 증거로 할 수 있다.

③ 검사 이외의 수사기관이 작성한 피의자신문조서는 적법한 절차와 방식에 따라 작성된 것으로서 공판준비 또는 공판기일에 그 피의자였던 피고인 또는 변호인이 그 내용을 인정할 때에 한하여 증거로 할 수 있다.

④ 검사 또는 사법경찰관이 피고인이 아닌 자의 진술을 기재한 조서는 적법한 절차와 방식에 따라 작성된 것으로서 그 조서가 검사 또는 사법경찰관 앞에서 진술한 내용과 동일하게 기재되어 있음이 원진술자의 공판준비 또는 공판기일에서의 진술이나 영상녹화물 또는 그 밖의 객관적인 방법에 의하여 증명되고, 피고인 또는 변호인이 공판준비 또는 공판기일에 그 기재 내용에 관하여 원진술자를 신문할 수 있었던 때에는 증거로 할 수 있다. 다만, 그 조서에 기재된 진술이 특히 신빙할 수 있는 상태하에서 행하여졌음이 증명된 때에 한한다.

⑤ 제1항부터 제4항까지의 규정은 피고인 또는 피고인이 아닌 자가 수사과정에서 작성한 진술서에 관하여 준용한다.

⑥ 검사 또는 사법경찰관이 검증의 결과를 기재한 조서는 적법한 절차와 방식에 따라 작성된 것으로서 공판준비 또는 공판기일에서의 작성자의 진술에 따라 그 성립의 진정함이 증명된 때에는 증거로 할 수 있다.

◎ **진술서등**

① 전2조의 규정 이외에 피고인 또는 피고인이 아닌 자가 작성한 진술서나 그 진술을 기재한 서류로서 그 작성자 또는 진술자의 자필이거나 그 서명 또는 날인이 있는 것(피고인 또는 피고인 아닌 자가 작성하였거나 진술한 내용이 포함된 문자·사진·영상 등의 정보로서 컴퓨터용디스크, 그 밖에 이와 비슷한 정보저장매체에 저장된 것을 포함한다. 이하 이 조에서 같다)은 공판준비나 공판기일에서의 그 작성자 또는 진술자의 진술에 의하여 그 성립의 진정함이 증명된 때에는 증거로 할 수

있다. 단, 피고인의 진술을 기재한 서류는 공판준비 또는 공판기일에서의 그 작성자의 진술에 의하여 그 성립의 진정함이 증명되고 그 진술이 특히 신빙할 수 있는 상태하에서 행하여 진 때에 한하여 피고인의 공판준비 또는 공판기일에서의 진술에 불구하고 증거로 할 수 있다.

② 제1항 본문에도 불구하고 진술서의 작성자가 공판준비나 공판기일에서 그 성립의 진정을 부인하는 경우에는 과학적 분석결과에 기초한 디지털포렌식 자료, 감정 등 객관적 방법으로 성립의 진정함이 증명되는 때에는 증거로 할 수 있다. 다만, 피고인 아닌 자가 작성한 진술서는 피고인 또는 변호인이 공판준비 또는 공판기일에 그 기재 내용에 관하여 작성자를 신문할 수 있었을 것을 요한다.

③ 감정의 경과와 결과를 기재한 서류도 제1항 및 제2항과 같다.

◎ 증거능력에 대한 예외

형사소송법 제312조 또는 제313조의 경우에 공판준비 또는 공판기일에 진술을 요하는 자가 사망·질병·외국거주·소재불명 그 밖에 이에 준하는 사유로 인하여 진술할 수 없는 때에는 그 조서 및 그 밖의 서류(피고인 또는 피고인 아닌 자가 작성하였거나 진술한 내용이 포함된 문자·사진·영상 등의 정보로서 컴퓨터용디스크, 그 밖에 이와 비슷한 정보저장매체에 저장된 것을 포함한다)를 증거로 할 수 있다. 다만, 그 진술 또는 작성이 특히 신빙할 수 있는 상태하에서 행하여졌음이 증명된 때에 한한다.

◎ 당연히 증거능력이 있는 서류

다음에 게기한 서류는 증거로 할 수 있다.
1. 가족관계기록사항에 관한 증명서, 공정증서등본 기타 공무원 또는 외국공무원의 직무상 증명할 수 있는 사항에 관하여 작성한 문서
2. 상업장부, 항해일지 기타 업무상 필요로 작성한 통상문서
3. 기타 특히 신용할 만한 정황에 의하여 작성된 문서

◎ 전문의 진술

① 피고인이 아닌 자(공소제기 전에 피고인을 피의자로 조사하였거나 그 조사에 참여하였던 자를 포함한다. 이하 이 조에서 같다)의 공판준비 또는 공판기일에서의 진술이 피고인의 진술을 그 내용으로 하는 것인 때에는 그 진술이 특히 신빙할 수 있는 상태하에서 행하여졌음이 증명된 때에 한하여 이를 증거로 할 수 있다.

② 피고인 아닌 자의 공판준비 또는 공판기일에서의 진술이 피고인 아닌 타인의 진술을 그 내용으로 하는 것인 때에는 원진술자가 사망, 질병, 외국거주, 소재불명 그 밖에 이에 준하는 사유로 인하여 진술할 수 없고, 그 진술이 특히 신빙할 수 있는 상태하에서 행하여졌음이 증명된 때에 한하여 이를 증거로 할 수 있다.

◎ **진술의 임의성**

① 피고인 또는 피고인 아닌 자의 진술이 임의로 된 것이 아닌 것은 증거로 할 수 없다.

② 전항의 서류는 그 작성 또는 내용인 진술이 임의로 되었다는 것이 증명된 것이 아니면 증거로 할 수 없다.

③ 검증조서의 일부가 피고인 또는 피고인 아닌 자의 진술을 기재한 것인 때에는 그 부분에 한하여 전2항의 예에 의한다.

◎ **당사자의 동의와 증거능력**

① 검사와 피고인이 증거로 할 수 있음을 동의한 서류 또는 물건은 진정한 것으로 인정한 때에는 증거로 할 수 있다.

② 피고인의 출정없이 증거조사를 할 수 있는 경우에 피고인이 출정하지 아니한 때에는 전항의 동의가 있는 것으로 간주한다. 단, 대리인 또는 변호인이 출정한 때에는 예외로 한다.

◎ **증명력을 다투기 위한 증거**

① 형사소송법 제312조부터 제316조까지의 규정에 따라 증거로 할 수 없는 서류나 진술이라도 공판준비 또는 공판기일에서의 피고인 또는 피고인이 아닌 자(공소제기 전에 피고인을 피의자로 조사하였거나 그 조사에 참여하였던 자를 포함한다. 이하 이 조에서 같다)의 진술의 증명력을 다투기 위하여 증거로 할 수 있다.

② 제1항에도 불구하고 피고인 또는 피고인이 아닌 자의 진술을 내용으로 하는 영상녹화물은 공판준비 또는 공판기일에 피고인 또는 피고인이 아닌 자가 진술함에 있어서 기억이 명백하지 아니한 사항에 관하여 기억을 환기시켜야 할 필요가 있다고 인정되는 때에 한하여 피고인 또는 피고인이 아닌 자에게 재생하여 시청하게 할 수 있다.

◎ **간이공판절차에서의 증거능력에 관한 특례**

형사소송법 제286조의2의 결정이 있는 사건의 증거에 관하여는 형사소송법 제310조의2, 제312조 내지 제314조 및 제316조의 규정에 의한 증거에 대하여 형사소송법 제318조제1항의 동의가 있는 것으로 간주한다. 단, 검사, 피고인 또는 변호인이 증거로 함에 이의가 있는 때에는 그러하지 아니하다.

- 공판의 재판 -

◎ **판결선고기일**

① 판결의 선고는 변론을 종결한 기일에 하여야 한다. 다만, 특별한 사정이 있는 때에는 따로 선고기일을 지정할 수 있다.

② 변론을 종결한 기일에 판결을 선고하는 경우에는 판결의 선고 후에 판결서를 작성

할 수 있다.

③ 제1항 단서의 선고기일은 변론종결 후 14일 이내로 지정되어야 한다.

◎ 관할위반의 판결

피고사건이 법원의 관할에 속하지 아니한 때에는 판결로써 관할위반의 선고를 하여야 한다.

◎ 토지관할 위반

① 법원은 피고인의 신청이 없으면 토지관할에 관하여 관할 위반의 선고를 하지 못한다.

② 관할 위반의 신청은 피고사건에 대한 진술 전에 하여야 한다.

◎ 형선고와 동시에 선고될 사항

① 피고사건에 대하여 범죄의 증명이 있는 때에는 형의 면제 또는 선고유예의 경우 외에는 판결로써 형을 선고하여야 한다.

② 형의 집행유예, 판결 전 구금의 산입일수, 노역장의 유치기간은 형의 선고와 동시에 판결로써 선고하여야 한다.

◎ 형면제 또는 형의 선고유예의 판결

피고사건에 대하여 형의 면제 또는 선고유예를 하는 때에는 판결로써 선고하여야 한다.

◎ 유죄판결에 명시될 이유

① 형의 선고를 하는 때에는 판결이유에 범죄될 사실, 증거의 요지와 법령의 적용을 명시하여야 한다.

② 법률상 범죄의 성립을 조각하는 이유 또는 형의 가중, 감면의 이유되는 사실의 진술이 있은 때에는 이에 대한 판단을 명시하여야 한다.

◎ 상소에 대한 고지

형을 선고하는 경우에는 재판장은 피고인에게 상소할 기간과 상소할 법원을 고지하여야 한다.

◎ 무죄의 판결

피고사건이 범죄로 되지 아니하거나 범죄사실의 증명이 없는 때에는 판결로써 무죄를 선고하여야 한다.

◎ 면소의 판결

다음 경우에는 판결로써 면소의 선고를 하여야 한다.

1. 확정판결이 있은 때
2. 사면이 있은 때
3. 공소의 시효가 완성되었을 때

4. 범죄 후의 법령개폐로 형이 폐지되었을 때

◎ 공소기각의 판결
다음 경우에는 판결로써 공소기각의 선고를 하여야 한다.
1. 피고인에 대하여 재판권이 없는 때
2. 공소제기의 절차가 법률의 규정에 위반하여 무효인 때
3. 공소가 제기된 사건에 대하여 다시 공소가 제기되었을 때
4. 형사소송법 제329조의 규정에 위반하여 공소가 제기되었을 때
5. 고소가 있어야 죄를 논할 사건에 대하여 고소의 취소가 있은 때
6. 피해자의 명시한 의사에 반하여 죄를 논할 수 없는 사건에 대하여 처벌을 희망하지 아니하는 의사표시가 있거나 처벌을 희망하는 의사표시가 철회되었을 때

◎ 공소기각의 결정
① 다음 경우에는 결정으로 공소를 기각하여야 한다.
1. 공소가 취소 되었을 때
2. 피고인이 사망하거나 피고인인 법인이 존속하지 아니하게 되었을 때
3. 형사소송법 제12조 또는 제13조의 규정에 의하여 재판할 수 없는 때
4. 공소장에 기재된 사실이 진실하다 하더라도 범죄가 될 만한 사실이 포함되지 아니하는 때
② 전항의 결정에 대하여는 즉시항고를 할 수 있다.

◎ 공소취소와 재기소
공소취소에 의한 공소기각의 결정이 확정된 때에는 공소취소 후 그 범죄사실에 대한 다른 중요한 증거를 발견한 경우에 한하여 다시 공소를 제기할 수 있다.

◎ 피고인의 진술없이 하는 판결
피고인이 진술하지 아니하거나 재판장의 허가없이 퇴정하거나 재판장의 질서유지를 위한 퇴정명령을 받은 때에는 피고인의 진술없이 판결할 수 있다.

◎ 무죄등 선고와 구속영장의 효력
무죄, 면소, 형의 면제, 형의 선고유예, 형의 집행유예, 공소기각 또는 벌금이나 과료를 과하는 판결이 선고된 때에는 구속영장은 효력을 잃는다.

◎ 몰수의 선고와 압수물
압수한 서류 또는 물품에 대하여 몰수의 선고가 없는 때에는 압수를 해제한 것으로 간주한다.

◎ 압수장물의 환부

① 압수한 장물로서 피해자에게 환부할 이유가 명백한 것은 판결로써 피해자에게 환부하는 선고를 하여야 한다.

② 전항의 경우에 장물을 처분하였을 때에는 판결로써 그 대가로 취득한 것을 피해자에게 교부하는 선고를 하여야 한다.

③ 가환부한 장물에 대하여 별단의 선고가 없는 때에는 환부의 선고가 있는 것으로 간주한다.

④ 전3항의 규정은 이해관계인이 민사소송절차에 의하여 그 권리를 주장함에 영향을 미치지 아니한다.

◎ 재산형의 가납판결

① 법원은 벌금, 과료 또는 추징의 선고를 하는 경우에 판결의 확정 후에는 집행할 수 없거나 집행하기 곤란할 염려가 있다고 인정한 때에는 직권 또는 검사의 청구에 의하여 피고인에게 벌금, 과료 또는 추징에 상당한 금액의 가납을 명할 수 있다.

② 전항의 재판은 형의 선고와 동시에 판결로써 선고하여야 한다.

③ 전항의 판결은 즉시로 집행할 수 있다.

◎ 형의 집행유예 취소의 절차

① 형의 집행유예를 취소할 경우에는 검사는 피고인의 현재지 또는 최후의 거주지를 관할하는 법원에 청구하여야 한다.

② 전항의 청구를 받은 법원은 피고인 또는 그 대리인의 의견을 물은 후에 결정을 하여야 한다.

③ 전항의 결정에 대하여는 즉시항고를 할 수 있다.

④ 전2항의 규정은 유예한 형을 선고할 경우에 준용한다.

◎ 경합범 중 다시 형을 정하는 절차

① 「형법」 제36조, 동 제39조제4항 또는 동 제61조의규정에 의하여 형을 정할 경우에는 검사는 그 범죄사실에 대한 최종판결을 한 법원에 청구하여야 한다. 단, 「형법」 제61조의 규정에 의하여 유예한 형을 선고할 때에는 형사소송법 제323조에 의하여야 하고 선고유예를 해제하는 이유를 명시하여야 한다.

② 전조 제2항의 규정은 전항의 경우에 준용한다.

◎ 형의 소멸의 재판

① 「형법」 제81조 또는 동 제82조의 규정에 의한 선고는 그 사건에 관한 기록이 보관되어 있는 검찰청에 대응하는 법원에 대하여 신청하여야 한다.

② 전항의 신청에 의한 선고는 결정으로 한다.

③ 제1항의 신청을 각하하는 결정에 대하여는 즉시항고를 할 수 있다.

▣ 대한실무법률편찬연구회 ▣

연구회 발행도서
- 2018년 소법전
- 법률용어사전
- 고소장 장석방법과 실무
- 탄원서 의견서 작성방법과 실무
- 소액소장 작성방법과 실무
- 항소 항고 이유서 작성방법과 실제
- 지급명령 신청방법
- 형사문제 고발·고소·진정 서식작성
- 재정신청 항고장 항고이유서

사건별 형사사건 조사 · 수사 대응

경찰 · 검찰 조사 잘 받는 방법   정가 18,000원

2025年 1月 05日 3판 인쇄
2025年 1月 10日 3판 발행
편   저 : 대한실무법률편찬연구회
발 행 인 : 김 현 호
발 행 처 : 법문 북스
공 급 처 : 법률미디어

서울 구로구 경인로 54길4 (우편번호 : 08278)
TEL : (02)2636-2911~2, FAX : (02)2636~3012
등록 : 1979년 8월 27일 제5-22호
Home : www.lawb.co.kr

▎ISBN 978-89-7535-731-2 (13360)
▎이 도서의 국립중앙도서관 출판예정도서목록(CIP)은 서지정보유통지원시스템 홈페이지(http://seoji.nl.go.kr)와 국가자료종합목록시스템(http://www.nl.go.kr/kolisnet)에서 이용하실 수 있습니다. (CIP세어민호 : CIP2019018476)
▎파본은 교환해 드립니다.
▎이 책의 내용을 무단으로 전재 또는 복제할 경우 저작권법 제136조에 의해 5년 이하의 징역 또는 5,000만원 이하의 벌금에 처하거나 이를 병과할 수 있습니다.

법률서적 명리학서적 외국어서적 서예·한방서적 등

최고의 인터넷 서점으로

각종 명품서적만을 제공합니다

각종 명품서적과 신간서적도 보시고

법률 · 한방 · 서예 등 정보도

얻으실 수 있는

핵심법률서적 종합 사이트

www.lawb.co.kr

(모든 신간서적 특별공급)

대표전화 (02) 2636 - 2911